もくじ
三省堂版 英語 **3**年

リスニング音声は
こちらから聞けるよ!

音声を web サイトよりダウンロードする
ときのパスワードは『**9CJTR**』です。

テストの範囲や
学習予定日を
かこう!

学習計画	
出題範囲	学習予定日
5/14	5/10
テストの日	5/11

JN092931

Starter

Best Music of All Time

テストに出る！ **ココ**が**要点**&**チェック！**

to 不定詞（復習）

教 p.5〜p.7

1 「〜すること」（名詞用法）

 ➡チェック (1)

〈to＋動詞の原形〉は「〜すること」という意味を表すことができる（名詞用法）。動詞の目的語になるほか，be 動詞のあとに置くこともできる。

The goal of our team was to win the game.
　　　主語　　　　　be 動詞　「〜すること」　　　私たちのチームの目標はその試合に勝つことでした。

2 「〜するために」（副詞用法）

 ➡チェック (2)

〈to＋動詞の原形〉は「〜するために」の意味で動詞を修飾することもできる。この使い方は副詞用法と呼ばれる。

I will write a letter to encourage Tom.　私はトムを勇気づけるために手紙を書くつもりです。
　　　　動詞を修飾　　「〜するために」

3 「〜するための」（形容詞用法）

 ➡チェック (3)

〈to＋動詞の原形〉は「〜するための」のような意味で，前の名詞や代名詞を修飾することができる。これを形容詞用法という。

This is the best place to take pictures.
　　　　　　　　　(代)名詞を修飾　「〜するための」
　　　　　　　　　これが写真を撮るための最もよい場所です。

・→ 連語の to 不定詞 ・
▶連語はまとめて to のあとに置く。
listen to a song（歌を聞く）
→ a song to listen to
（聞くための[聞くべき]歌）

〈make＋A＋B〉（復習）

教 p.5〜p.7

4 「AをBにします」

 ➡チェック (4)

〈make＋A＋B〉で「AをBにします」という意味。「AをBの状態にする」ことを表し，Bには(代)名詞または形容詞がくる。

The movie makes me happy.　その映画は私をうれしくさせます。（「私」=「うれしい」という状態）
　　　　　「させます」A を　B に

☆チェック！　（　）内から適するものを選びなさい。

1 □ (1) My dream was (went / to go) to space.　私の夢は宇宙に行くことでした。

2 □ (2) He studies hard to (be / being) a teacher.　彼は先生になるために，熱心に勉強します。

3 □ (3) Give me something (to eat / eating).　私に何か食べるものをください。

4 □ (4) The story (did / made) her sad.　その物語は彼女を悲しくさせました。

☆チェック！ の答えは次ページ ➡

テスト対策問題

テスト対策★ナビ

♪ a01

🎵 リスニング

1 対話と質問を聞いて，その答えとして適する絵を選び，記号で答えなさい。

ア　　　イ　　　ウ

（　　　）

2 (1)〜(4)は単語の意味を書きなさい。(5)，(6)は日本語を英語にしなさい。

(1) powerful　（　　　　　　　）　(2) earthquake（　　　　　　　）

(3) courage　（　　　　　　　）　(4) truly　　（　　　　　　　）

(5) テーマ　＿＿＿＿＿＿＿　(6) 憎しみ　＿＿＿＿＿＿＿

3 次の日本文にあうように，＿＿に適する語を書きなさい。

(1) これらの写真は私に家族を思い起こさせます。

　These pictures ＿＿＿＿＿＿ me ＿＿＿＿＿＿ my family.

(2) 彼女は5回よりも多くアメリカに行きました。

　She went to America ＿＿＿＿＿＿ ＿＿＿＿＿＿ five times.

🔵よく出る (3) あなたが日本にいる間，滞在を楽しんでください。

　Please enjoy your stay ＿＿＿＿＿＿ you are in Japan.

4 次の文を（　）内の指示にしたがって書きかえるとき，＿＿に適する語を書きなさい。

(1) I like movies. （「見るのが好き」という意味の文に）

　I like ＿＿＿＿＿＿ ＿＿＿＿＿＿ movies.

(2) That is a picture. We should look at it.(ほぼ同じ内容の1文に)

　That is a picture ＿＿＿＿＿＿ look ＿＿＿＿＿＿.

🔵ミス注意！ (3) When I listened to the CD, I became happy.(ほぼ同じ内容の文に)

　The CD ＿＿＿＿＿＿ me happy.

5 次の日本文を英語になおしなさい。

(1) マーク(Mark)はたくさんの友達をつくるためにそのパーティーに参加しました。

　＿＿＿＿＿＿＿＿＿＿＿＿＿＿＿＿＿＿

🔵ミス注意！ (2) その知らせは私たちをわくわくさせました。

　＿＿＿＿＿＿＿＿＿＿＿＿＿＿＿＿＿＿

---

2 重要単語

(1)名詞の power「力」から派生した語。

(3)動詞の encourage と区別して覚える。

3 重要表現

(1)「思い出させる」は remind を使う。

(3)あとに〈主語＋動詞〉が続いているため，前置詞の during ではなく接続詞が入る。

4 前学年の復習

ポイント

to 不定詞の用法
・名詞用法「〜すること」
・副詞用法「〜するために」
・形容詞用法「〜するための」

(3)「そのCDは私を幸せにしました。」という文にする。

5 英作文

(1)「〜するために」は to 不定詞で表す。

ミス注意！

(2)〈make＋A＋B〉の A に代名詞が入る場合，目的格にする。

テストに出る！
予想問題

Starter
Best Music of All Time

⏱ 30分

/100点

🎵 **1** 対話と質問を聞いて，その答えとして適するものを選び，記号で答えなさい。　　♪ a02

(1)　ア　Because she saw Tom.　　イ　To do some shopping.　　4点×2〔8点〕
　　ウ　To meet her aunt.　　　　エ　Because Tom will go together.　　（　　）

(2)　ア　Food.　　　　　　　　　　イ　Drink.
　　ウ　Time.　　　　　　　　　　エ　Nothing.　　　　　　　　　　　　（　　）

2 次の日本文にあうように，＿＿に適する語を書きなさい。　　3点×5〔15点〕

(1)　そのCDは日本で200万枚売れました。

　　The CD ＿＿＿＿＿＿＿＿ two ＿＿＿＿＿＿＿＿ copies in Japan.

(2)　この歌は私たちのテーマソングになりました。

　　This song ＿＿＿＿＿＿＿＿ our ＿＿＿＿＿＿＿＿ song.

(3)　私たちは世界から憎しみを取り除くべきです。

　　We should ＿＿＿＿＿＿＿＿ ＿＿＿＿＿＿＿＿ from the world.

(4)　この本が発表されたとき，私は小さな子どもでした。

　　When this book ＿＿＿＿＿＿＿＿ ＿＿＿＿＿＿＿＿, I was a little child.

(5)　あなたはほんとうに言葉の力を理解していますか。

　　Do you ＿＿＿＿＿＿＿＿ understand the ＿＿＿＿＿＿＿＿ of words?

3 次の文の＿＿に適する語を，下の〔　〕内から選んで書きなさい。　　3点×3〔9点〕

(1)　I have listened to the song many times ＿＿＿＿＿＿＿＿ the radio.

(2)　My brother believes ＿＿＿＿＿＿＿＿ his English teacher.

(3)　We enjoyed the festival ＿＿＿＿＿＿＿＿ a week.

　　〔 for　of　in　on 〕

4 次の英文を日本語になおしなさい。　　4点×4〔16点〕

(1)　I gave a message to Hana to encourage her.

　　（　　　　　　　　　　　　　　　　　　　　　　　　　　　　）

(2)　The singer launched a new event worldwide.

　　（　　　　　　　　　　　　　　　　　　　　　　　　　　　　）

(3)　We should not do other things while we study.

　　（　　　　　　　　　　　　　　　　　　　　　　　　　　　　）

(4)　What do you usually do when you feel lonely?

　　（　　　　　　　　　　　　　　　　　　　　　　　　　　　　）

5 次の英文はアメリカの音楽雑誌に載っていた，"Stand by Me" という曲についての特集記事です。これを読んで，あとの問いに答えなさい。 〔22点〕

Many artists have ①(sing) this song. The original version is (②) Ben E. King. The song is in English, but he also ③(sing) it in Japanese (④) 2011. He saw the news about the Great East Japan Earthquake. ⑤The news ( ) ( ) sad. He recorded this version ⑥to encourage people in a difficult time.

(1) ①，③の( )内の語を適する形になおしなさい。 4点×2〈8点〉

① _____ ③ _____

(2) ②，④の( )に適する語をア～エから1つずつ選び，記号で答えなさい。 3点×2〈6点〉

ア at イ in ウ by エ to ②( ) ④( )

(3) 下線部⑤が「その知らせは彼を悲しませました。」という意味になるように，( )に適する語を書きなさい。〈4点〉 _____ _____

(4) 下線部⑥と同じ意味を表す不定詞を含む文をア～ウから選び，記号で答えなさい。〈4点〉

ア I want to play soccer next Sunday.

イ I went to the library to find books about sports.

ウ Please bring me something to drink. ( )

6 〔 〕内の語句を並べかえて，日本文にあう英文を書きなさい。 4点×3〔12点〕

(1) その少年の顔は私に，彼の母親を思い起こさせました。

〔 face / his / reminded / of / mother / the boy's / me 〕.

_____

(2) これはあなたが疲れているときに食べるのに最もよい果物です。

〔 when / best / this / eat / the / fruit / you / is / to 〕 are tired.

_____ are tired.

(3) その小説のおかげで彼はもっと有名になりました。

〔 made / famous / him / more / the / novel 〕.

_____

7 ( )内の語句を使って，次の日本文を英語になおしなさい。 6点×3〔18点〕

(1) 彼はその葉を皿として使いました。(the leaf, a dish)

_____

(2) 5,000人以上がこのスピーチを聞きました。(than, speech)

_____

(3) 多くのほかの生徒は，そのコンサートを支援するために私たちのクラブに加わりました。

(many, joined, the concert)

_____

Stand by Me 〜 現在完了進行形

テストに出る！ **ココ**が**要点**&**チェック！**

現在完了進行形

教 p.8〜p.18

1 「(ずっと)〜し続けています」

➡★(1)(2)

現在完了進行形〈have[has] been＋動詞の -ing 形〉は「(ずっと)〜し続けています」と，過去に始めた動作が今も進行中であることを表す。

| 現在完了形 | It **has rained** since this morning. | 今朝からずっと雨が降っています。 |

〈have[has]＋動詞の過去分詞〉

＋

| 現在進行形 | It **is raining** now. | 今，雨が降っています。 |

〈be 動詞＋動詞の -ing 形〉

⇩

| 現在完了進行形 | It **has been raining** since this morning. | 今朝からずっと雨が降り続いています。 |

〈have[has] been＋動詞の -ing 形〉　→「〜から(今まで)」，「〜以来(ずっと)」

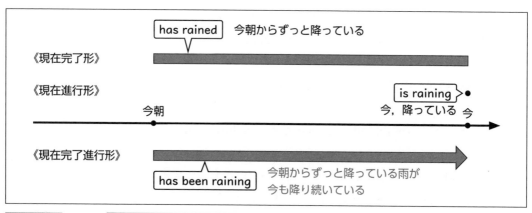

has rained 今朝からずっと降っている

《現在完了形》

《現在進行形》

is raining

今朝　　　　　　　　　　　今，降っている　今

《現在完了進行形》

has been raining 今朝からずっと降っている雨が今も降り続いている

| 現在完了形 | I **have played** soccer for two hours. | 私は 2 時間ずっとサッカーをしています。 |

＋

| 現在進行形 | I **am playing** soccer now. | 私は今，サッカーをしています。 |

⇩

| 現在完了進行形 | I **have been playing** soccer for two hours. | 私は 2 時間ずっとサッカーをし続けています。 |

→「〜の間」

┌──── 現在完了進行形の文でよく用いられる語句 ────┐

・〈for＋期間〉「〜の間」
　for five hours「5 時間」　　for two weeks「2 週間」
・〈since＋スタートの時点〉「〜から」
　since last night「昨夜から」　　since I came here「私がここに来てから」

― 現在完了進行形にしない動詞 ―

be 動詞，have（所有する），know，want などの現在進行形にすることができない動詞は，現在完了進行形にもすることができない。

→継続を表す現在完了の文で表す。

(×)I ~~have~~ ~~been knowing~~ him for a long time.

(○)I have known him for a long time.　私は彼のことを長い間(ずっと)知っています。

現在完了進行形の疑問文

 教 p.10〜p.18

2 「〜し続けていますか」

疑問文は Have[Has]を文の最初に出し，〈Have[Has]＋主語＋been＋動詞の -ing 形 〜?〉の形にする。応答文も have[has]を使って答える。

肯定文 I have been playing soccer for a long time.

私は長い間サッカーをし続けています。

疑問文 Have you been playing soccer for a long time?

①文の最初に　②〈been＋動詞の –ing 形〉はそのまま

あなたは長い間サッカーをし続けていますか。

— Yes, I have. / No, I have not.

↳have を使って答える

— はい，し続けています。／いいえ，し続けていません。

3 「どれくらい長く〜し続けていますか」

「どれくらい長く〜し続けていますか」とたずねるには How long で文を始め，**疑問文の形**を続ける。応答文には for「〜の間」か since「〜から」を使う。

疑問詞の疑問文 How long have you been playing soccer?

①文の最初に　②疑問文の形を続ける

あなたはどれくらい長くサッカーをし続けていますか。

応答文 — For two hours. / Since this morning.

↳「〜の間」　↳「〜から」

— 2時間し続けています。／今朝からし続けています。

- - -

☆チェック!　(1)(2)は(　)内の語を正しい形になおして書きなさい。(3), (4)は(　)内から適するものを選び，〇で囲みなさい。

1

□ (1) I have (　　　　) studying English since this morning.　(be)

私は今朝からずっと英語を勉強し続けています。

□ (2) We have been (　　　　) for the bus.　(wait)　私たちはバスを待ち続けています。

2

□ (3) (Have / Has) he been working for three hours?　彼は3時間働き続けていますか。

— Yes, he (is / has).　— はい，働き続けています。

3

□ (4) How (long / much) have you been walking?　あなたはどのくらい長く歩き続けていますか。

— (For / Since) three o'clock.　— 3時からです。

 ☆チェック! の答えは次ページ ➡ **7**

テスト対策問題

テスト対策★ナビ

♪ リスニング

♪ a03

1 対話の最後にチャイムが鳴る部分の応答として適するものを選び，記号で答えなさい。

(1)　ア　Yes, I can.　　　イ　No, I'm not.

　　　ウ　Yes, I have.　　　　　　　　　　　　（　　）

(2)　ア　For twenty minutes.　イ　An hour ago.

　　　ウ　It's ten meters long.　　　　　　　　　（　　）

2 (1)〜(6)は単語の意味を書きなさい。(7)〜⑽は日本語を英語にしなさい。

(1)　beginning （　　　　　　）　(2)　close　　　（　　　　　　）

(3)　arm　　　（　　　　　　）　(4)　unfortunately（　　　　　　）

(5)　trust　　（　　　　　　）　(6)　issue　　（　　　　　　）

(7)　休む　＿＿＿＿＿＿＿　(8)　舞台　＿＿＿＿＿＿＿＿

(9)　動く　＿＿＿＿＿＿＿　⑽　押す　＿＿＿＿＿＿＿＿

2　重要単語

(1) begin に -ing がついた形。

(2)発音注意。[klóuz]は動詞のときの発音。

(3)体の一部を表す語。

よく出る **3** 次の日本文にあうように，＿＿＿に適する語を書きなさい。

(1)　陸は物語を1つも思いつきませんでした。

　　Riku didn't ＿＿＿＿＿＿ ＿＿＿＿＿＿ with any stories.

(2)　私は今，少し眠いです。

　　I'm ＿＿＿＿＿＿ ＿＿＿＿＿＿ sleepy now.

(3)　次の電車を待ちましょう。

　　Let's ＿＿＿＿＿＿ ＿＿＿＿＿＿ the next train.

(4)　旅行のあと，私たちは疲れました。

　　We ＿＿＿＿＿＿ ＿＿＿＿＿＿ after the trip.

(5)　あなたは諦めるべきではありません。

　　You should not ＿＿＿＿＿＿ ＿＿＿＿＿＿．

(6)　その公園は日ごとにきれいになりました。

　　The park became cleaner day ＿＿＿＿＿＿ ＿＿＿＿＿＿．

3　重要表現

(2) 2つ目の空所に入る語には「小さい」の意味もある。

おぼえよう！

程度や数量を表す語句
・a little「少し（の）」
・a few「少数の」
・a lot of「たくさんの」

(4)「〜になった」＋「疲れて」

よく出る **4** 次の文の最後に（　）内の語句をつけ加えて，現在完了進行形の文に書きかえなさい。

(1)　I am making the chair.　(since last week)

　　I ＿＿＿＿＿＿＿＿＿＿＿＿＿＿＿＿＿ since last week.

(2)　The boys are swimming in the lake.　(for an hour)

　　The boys ＿＿＿＿＿＿＿＿＿＿＿＿＿＿＿ for an hour.

(3)　My father is writing a story.　(since 2010)

　　My father ＿＿＿＿＿＿＿＿＿＿＿＿＿＿ since 2010.

4　現在完了進行形

ポイント

現在完了進行形
・形…〈have [has] been＋動詞の -ing 形〉
・意味…「（ずっと）〜し続けている」

p.7 答　(1) been　(2) waiting　(3) Has, has　(4) long, Since

5 次の対話文を読んで，あとの問いに答えなさい。

> *Riku:* OK, everyone. ①One (_____) (_____). From the ②(begin).
> *Ms. Brown:* Wait. Your voice is ③a (_____) (_____). ④[practicing / how / have / you / long / been]?
> *Riku:* ⑤(_____) ten o'clock this morning.

(1) 下線部①は「もう一回。」，下線部③は「少し荒々しい」という意味になるように，（　）に適する語を書きなさい。
　　① One _____ _____ .
　　③ a _____ _____
(2) ②の（　）内の語を適する形になおしなさい。
　　_____

(3) 下線部④の［　］内の語を並べかえて，意味の通る英文にしなさい。
　　_____

(4) 下線部⑤の（　）に適する語を書きなさい。
　　_____ ten o'clock this morning.

6 次の対話が成り立つように，____に適する語を書きなさい。
(1) *A:* Has she _____ writing a letter since this morning?
　　B: No, _____ _____ not.
(2) *A:* _____ you _____ reading books since 1:00?
　　B: Yes, I have.
(3) *A:* How _____ _____ he been playing tennis?
　　B: _____ 30 minutes.

7 次の日本文にあうように，____に適する語を書きなさい。
(1) 私は何度も箱根に行ったことがあります。
　　I have _____ to Hakone _____ times.
(2) あなたが特に推薦するレストランはありますか。
　　Do you _____ any restaurants in _____ ?
(3) 今日は晴れていますが寒いです。
　　_____ it's sunny today, I feel cold.

8 次の日本文を英語になおしなさい。
(1) 彼らはきのうからこの問題について議論し続けています。
　　_____
(2) あなたはどれくらい長くここで走り続けていますか。
　　_____

---

5 本文の理解
(1)① 「もう1つの回」と考える。
(3)「どれくらい長く〜」とたずねる疑問文。
(4)直後にある「今朝の10時」に注目する。

ミス注意!
・for →あとに期間の長さを表す語句がくる。
・since →あとに過去を表す語句または〈主語＋動詞〜〉がくる。

6 現在完了進行形の疑問文

ポイント
現在完了進行形の疑問文
＝〈Have[Has]＋主語＋been＋動詞の -ing形 〜?〉
・「どれくらい長く〜」とたずねるときは How long を文の最初に。

7 重要表現
(1)「何度も」は「多くの回数」と考える。

8 英作文
どちらも現在完了進行形の文。
(2)「走る」run の -ing 形に注意。

テストに出る!
予想問題

Lesson 1 〜 文法のまとめ①
Stand by Me 〜 現在完了進行形

⏱ 30分

/100点

🎵 **1** 対話と質問を聞いて,その答えとして適する絵を選び,記号で答えなさい。　　♪ a04

〔4点〕

(　　　)

2 次の日本文にあうように,＿＿に適する語を書きなさい。　　4点×6〔24点〕

(1) ジャック,あなたの親しい友達を信用しなさい。

　　Jack, ＿＿＿＿＿＿ your ＿＿＿＿＿＿ friends.

(2) あなたは選択を2つまでにしぼらなければなりません。

　　You must ＿＿＿＿＿＿ your choices ＿＿＿＿＿＿ two.

(3) エミリーは速く走りますが,泳ぐのは得意ではありません。

　　＿＿＿＿＿＿ Emily runs fast, she is not good at swimming.

(4) 少し休みましょう。

　　Let's ＿＿＿＿＿＿ a ＿＿＿＿＿＿.

(5) これらの写真は私にサマーキャンプを思い起こさせます。

　　These pictures ＿＿＿＿＿＿ me ＿＿＿＿＿＿ the summer camp.

(6) 建物の西側を見てください。

　　Please look at the ＿＿＿＿＿＿ side of the ＿＿＿＿＿＿.

3 次の文を(　)内の指示にしたがって書きかえなさい。　　5点×3〔15点〕

(1) We are singing the song.　(現在完了進行形の文に)

　　＿＿＿＿＿＿＿＿＿＿＿＿＿＿＿＿＿＿＿＿＿＿＿＿

(2) Are they cooking lunch?　(for three hoursをつけ加えて,現在完了進行形の疑問文に)

　　＿＿＿＿＿＿＿＿＿＿＿＿＿＿＿＿＿＿＿＿＿＿＿＿

よく出る (3) He has been practicing the drums <u>since nine o'clock</u>.　(下線部をたずねる疑問文に)

　　＿＿＿＿＿＿＿＿＿＿＿＿＿＿＿＿＿＿＿＿＿＿＿＿

4 次の対話が成り立つように,＿＿に適する語を書きなさい。　　5点×2〔10点〕

(1) A: We can see the top of the mountain, but you look tired. Can you still walk?

　　B: Yes, I can. I won't give ＿＿＿＿＿＿!

ミス注意! (2) A: Have you been doing your homework for a long time?

　　B: ＿＿＿＿＿＿, I ＿＿＿＿＿＿. I started it just a few minutes ago.

5 次の英文を読んで，あとの問いに答えなさい。　〔22点〕

　　I really like the song "Stand by Me". ①Recently, I [listening / have / it / to / been] again.　The lyrics are very powerful.　The song starts in darkness.　However, the lyrics move (　②　) from that.　They say that if your friend is next (　③　) you, you do not need to be afraid.　Together, you can bravely face darkness, dangers, and troubles.　Together, you will be strong.

　　This song is very special to me.　Last year, I ④(break) my arm when I ⑤(fall) off my bicycle.　I had an operation.　⑥I (　　　　) play the drums for (　　　) (　　　) a month.

よく出る (1) 下線部①の [ ]内の語を並べかえて，意味の通る英文にしなさい。　〈5点〉
　　Recently, I _____ again.

　(2) ②，③の(　)に適する語をア～エから1つずつ選び，記号で答えなさい。　3点×2〈6点〉
　　ア in　イ to　ウ at　エ on　　②(　　　)　③(　　　)

　(3) ④，⑤の(　)内の語を適する形になおしなさい。　3点×2〈6点〉
　　④ _____　⑤ _____

ミス注意! (4) 下線部⑥が「私は1か月以上の間，ドラムを演奏することができませんでした。」という意味になるように，(　)に適する語を書きなさい。　〈5点〉
　　I _____ play the drums for _____ _____ a month.

やや難 **6** [ ]内の語句を並べかえて，日本文にあう英文を書きなさい。　5点×3〔15点〕
　(1) 彼らはその問題について話し合い続けているのですか。
　　[been / the problem / they / have / discussing]?

　　_____

　(2) ジェーンはまだ東京に行くことを決めていません。
　　[go / Jane / hasn't / decided / to] to Tokyo yet.

　　_____ to Tokyo yet.

　(3) あなたはどれくらい長く入浴し続けているのですか。
　　[been / you / how / have / long / taking] a bath?

　　_____ a bath?

7 次の日本文を英語になおしなさい。　5点×2〔10点〕
　(1) 私は特にこの映画を推薦します。

　　_____

　(2) 私の兄は先週からこのテレビゲームをし続けています。

　　_____

Languages in India 〜 日本限定アイスクリームを提案しよう

テストに出る！　**ココ**が**要点**&**チェック！**

受け身形

教 p.19〜p.33

1 「〜され（てい）ます」

➡★オプション(1)(2)

「〜され（てい）ます」というときは，〈be 動詞＋動詞の過去分詞〉で表す。この形を受け身形という。その動作をした人は〈by＋人〉「〜によって」で表す。

受け身形　The kitchen is cleaned every day.　　その台所は毎日そうじされます。
　　　　　　　　　　└〈be 動詞＋動詞の過去分詞〉

不規則動詞の活用

A-A-A 型	**A-B-A 型**	**A-B-B 型**
put – put – put	become – became – become	buy – bought – bought
run – run – run	come – came – come	make – made – made
	run – ran – run	tell – told – told

A-B-C 型
do – did – done　　eat – ate – eaten　　go – went – gone

Picasso painted this picture.　　ピカソがこの絵を描きました。

受け身形＋by 〜　This picture was painted by Picasso.　　この絵はピカソによって描かれました。
　　　　　　　　　〈be 動詞＋動詞の過去分詞〉　〈by＋人〉＝動作をした人

〈by＋人〉が省略される場合

①一般的な人々を表す場合
　Japanese is spoken ⬚ in Japan.　　日本では日本語が話されます。
　　　　　　　　　　└by people が省略されている。
②だれか特定できない場合
　He was killed ⬚ in the war.　　彼は戦争で殺されました。
　　　　　　　　└by someone などが省略されている。
③言う必要がない場合

2 「〜されていますか」

➡★オプション(3)(4)

受け身形の疑問文は，主語の前に be 動詞を置く。応答文では，be 動詞を使って答える。

肯定文　The kitchen is cleaned every day.　　その台所は毎日そうじされます。

疑問文　Is the kitchen cleaned every day?　　その台所は毎日そうじされますか。
　　　　└be 動詞が文の最初　　└動詞の過去分詞の位置はそのまま

　— Yes, it is. / No, it is not.　　はい，されます。／いいえ，されません。

12

3 「〜されません，〜されていません」 (5)(6)

受け身形の否定文をつくるときは，be 動詞のあとに not を置く。

肯定文 The kitchen is cleaned every day. その台所は毎日そうじされます。

否定文 The kitchen is not cleaned every day. その台所は毎日そうじされません。
└ be 動詞の後ろに not を置く

その他の表現

4 look forward to 〜 「〜を楽しみに待つ」 (7)

look forward to 〜 で「〜を楽しみに待つ」という意味を表す。to のあとに動詞を続ける場合は動名詞（動詞の -ing 形）にする。

I'm looking forward to that concert. 私はあの演奏会を楽しみに待っています。

I'm looking forward to joining the party. 私はそのパーティーに参加することを楽しみに待っています。
└ 動詞の -ing 形

5 「一度も〜ない」（復習） (8)

「一度も〜ない」という意味を表す現在完了の否定文は，have[has]の後ろに never を置く。

肯定文 I have listened to this song before. 私は以前にこの歌を聞いたことがあります。

否定文 I have never listened to this song. 私は一度もこの歌を聞いたことがありません。
└ have[has]の後ろに never を置く

☆チェック！ （　）内から適する語句を選びなさい。

1
- □ (1) That book was (writing / written) in 1960. あの本は 1960 年に書かれました。
- □ (2) This zoo is (loving / loved) by many people. この動物園は多くの人々に愛されています。

2
- □ (3) (Is / Does) French spoken in this country? この国ではフランス語が話されていますか。
  — No, it (does / is) not. — いいえ，話されていません。
- □ (4) Was this computer (used / use) yesterday? このコンピューターは昨日，使われましたか。
  — Yes, it (was / did). — はい，使われました。

3
- □ (5) Dinner (didn't / wasn't) cooked by Amy. 夕食はエイミーによって作られませんでした。
- □ (6) This singer (isn't / doesn't) known here. この歌手は，ここでは知られていません。

4
- □ (7) I'm looking forward to (visit / visiting) America next year.
  私は来年，アメリカを訪れることを楽しみにしています。

5
- □ (8) I (have never / didn't) seen Emily. 私は一度もエミリーに会ったことがありません。

テスト対策問題

テスト対策ナビ

♪ a05

リスニング

1 英文を聞いて，その内容にあう絵を選び，記号で答えなさい。

ア　イ　ウ

（　　　）

---

2 (1)〜(6)は単語の意味を書き，(7)〜(10)は日本語を英語にしなさい。

(1) business （　　　　　）　(2) tale （　　　　　）

(3) compose （　　　　　）　(4) major （　　　　　）

(5) remain （　　　　　）　(6) film （　　　　　）

(7) 寝室 ＿＿＿＿＿＿　(8) マイル ＿＿＿＿＿＿

(9) 体系 ＿＿＿＿＿＿　(10) せっけん ＿＿＿＿＿＿

2 重要単語

(5) remind「思い出させる」と混同しないこと。

(7)「ベッドがある部屋」と覚えるとよい。

(10) soup「スープ」と混同しないこと。

---

3 次の日本文にあうように，＿＿に適する語を書きなさい。

(1) あなたのスープはこのパンと調和します。

Your soup ＿＿＿＿＿＿ ＿＿＿＿＿＿ with this bread.

(2) あなたは外出するつもりですか。— 天気次第です。

Will you go out? — It ＿＿＿＿＿＿ ＿＿＿＿＿＿ the weather.

(3) 3億より多くの人々がアメリカ合衆国に住んでいます。

＿＿＿＿＿＿ ＿＿＿＿＿＿ 300 million people live in the U.S.A.

(4) その市は美しい公園で知られています。

The city is ＿＿＿＿＿＿ ＿＿＿＿＿＿ its beautiful park.

(5) 陸が来るまで私たちは昼食を食べませんでした。

We didn't eat lunch ＿＿＿＿＿＿ Riku ＿＿＿＿＿＿.

(6) 先生によれば，エミリーは病気だそうです。

＿＿＿＿＿＿ ＿＿＿＿＿＿ our teacher, Emily is sick.

3 重要表現

(2)「〜次第である」は depend on 〜。

ミス注意！

(4)「〜で知られている」の「〜で」は，know の主語ではないことに注意。

(5) 過去の文なので，「陸が来るまで」の部分の動詞も過去形にする。

---

4 次の文の＿＿に，（　）内の語を適する形にかえて書きなさい。

(1) This room is ＿＿＿＿＿＿ by Emi every day. （clean）

(2) The bag was ＿＿＿＿＿＿ at a famous shop. （sell）

(3) "Botchan" ＿＿＿＿＿＿ released in 1906. （be）

(4) Is English ＿＿＿＿＿＿ in India? （speak）

(5) This book is ＿＿＿＿＿＿ in Japanese. （write）

(6) That movie is ＿＿＿＿＿＿ by many people. （love）

(7) These birds aren't ＿＿＿＿＿＿ in my country. （see）

4 受け身形

ポイント

・過去の受け身の文は be動詞を過去形（was，were）に。

---

p.13 答 ▶ (1) written (2) loved (3) Is, is (4) used / was (5) wasn't (6) isn't (7) visiting (8) have never

5 次は, ディヌーが紹介してくれたインド映画を見ることになった花とディヌーの対話です。これを読んで, あとの問いに答えなさい。

> *Hana:* I'm looking forward to ①(watch) this. ② I've (　　　) (　　　) an Indian movie.
>
> *Dinu:* I'm sure you'll enjoy it. The film was ③(direct) by a famous Indian actor.

(1) ①, ③の(　)内の語を適する形になおしなさい。

①＿＿＿＿＿＿＿　③＿＿＿＿＿＿＿

(2) 下線部②が「私はまだ一度もインドの映画を見たことがありません。」という意味になるように, (　)に適する語を書きなさい。

I've ＿＿＿＿＿＿＿ ＿＿＿＿＿＿＿ an Indian movie.

6 次の対話が成り立つように, ＿＿に適する語を書きなさい。

(1) A: ＿＿＿＿＿＿＿ they invited to the party last night?

　　B: Yes, ＿＿＿＿＿＿＿ ＿＿＿＿＿＿＿.

(2) A: ＿＿＿＿＿＿＿ ＿＿＿＿＿＿＿ this computer made?

　　B: It ＿＿＿＿＿＿＿ made in 2000.

7 次の文を(　)内の指示にしたがって書きかえるとき, ＿＿に適する語を書きなさい。

This event was held last year. （否定文に）

This event ＿＿＿＿＿＿＿ ＿＿＿＿＿＿＿ ＿＿＿＿＿＿＿ last year.

8 〔　〕内の語句を並べかえて, 日本文にあう英文を完成させなさい。

(1) 彼らはあなたの歌を聞くのを楽しみに待っています。

〔 your song / to / to / they / looking / listening / forward / are 〕.

＿＿＿＿＿＿＿＿＿＿＿＿＿＿＿＿＿＿＿

(2) 私たちは一度もパンダを見たことがありません。

〔 a panda / have / seen / we / never 〕.

＿＿＿＿＿＿＿＿＿＿＿＿＿＿＿＿＿＿＿

9 次の日本文を英語になおしなさい。

(1) このバスは毎週洗われます。

＿＿＿＿＿＿＿＿＿＿＿＿＿＿＿＿＿＿＿

(2) あのいすは彼によって作られましたか。— いいえ, 作られませんでした。

＿＿＿＿＿＿＿＿＿＿＿＿＿＿＿＿＿＿＿

— ＿＿＿＿＿＿＿＿＿＿＿＿＿＿＿＿＿

5 本文の理解

(1)① look forward to のあとに動詞を置く場合, 原形ではなく動名詞(動詞の -ing 形)にする。

(2)「まだ一度も〜したことがない」は〈have [has] never＋動詞の過去分詞〉で表す。

6 受け身形の疑問文

ポイント

・疑問詞のある受け身の疑問文：疑問詞を文の最初に置き, そのあとに受け身形の疑問文を続ける。

7 受け身形の否定文

「この行事は昨年開かれませんでした。」という文にする。

8 重要表現

(1)「〜を楽しみに待つ」は look forward to 〜。

(2)経験を表す現在完了の否定文にする。

9 英作文

おぼえよう!

・wash の過去分詞→ washed

・make の過去分詞→ made

テストに出る！

予想問題

Lesson 2 〜 Project 1
Languages in India 〜 日本限定アイスクリームを提案しよう

🕐 30分

/100点

1 対話と質問を聞いて，その答えとして適するものを選び，記号で答えなさい。　🎵 a06

4点×2〔8点〕

(1)　ア　Yes, he is.　　イ　No, he isn't.

　　　ウ　Yes, he did.　　エ　No, he didn't.

(2)　ア　Emily did.　　イ　Emily's mother did.

　　　ウ　Masaya did.　　エ　Masaya's mother did.

(1)(　　　)　(2)(　　　)

2 次の日本文にあうように，＿＿＿に適する語を書きなさい。　　3点×5〔15点〕

(1)　アンコール(encore)ということばはフランス語からきています。

　　　The word 'encore' ＿＿＿＿＿＿＿ ＿＿＿＿＿＿＿ French.

(2)　私の父は一度も外国を訪れたことがありません。

　　　My father has ＿＿＿＿＿＿＿ ＿＿＿＿＿＿＿ a foreign country.

(3)　イチゴはアイスクリームと調和します。

　　　Strawberries ＿＿＿＿＿＿＿ ＿＿＿＿＿＿＿ with ice cream.

(4)　その映画は英語と日本語で公開されました。

　　　The film was ＿＿＿＿＿＿＿ ＿＿＿＿＿＿＿ English and Japanese.

(5)　私のガイドブックには，このあたりには多くのレストランがあると書いてあります。

　　　My ＿＿＿＿＿＿＿ ＿＿＿＿＿＿＿ there are many restaurants around here.

3 次の文の＿＿＿に適する語を，下の〔 〕内から選び，適する形にかえて書きなさい。

(1)　Was the meeting ＿＿＿＿＿＿＿ yesterday?　　3点×4〔12点〕

(2)　Hokkaido is ＿＿＿＿＿＿＿ for its nice food.

(3)　We are looking forward to ＿＿＿＿＿＿＿ you again.

(4)　Breakfast was ＿＿＿＿＿＿＿ by my sister this morning.

　　　〔 know　　see　　make　　hold 〕

4 次の文を( )内の指示にしたがって書きかえなさい。　　5点×3〔15点〕

(1)　Riku washed the dishes.　（The dishes を主語にして，受け身の文に）

　　　＿＿＿＿＿＿＿＿＿＿＿＿＿＿＿＿＿＿＿＿＿＿＿＿＿＿＿＿＿＿＿＿

(2)　Chinese is used in my country.　（否定文に）

　　　＿＿＿＿＿＿＿＿＿＿＿＿＿＿＿＿＿＿＿＿＿＿＿＿＿＿＿＿＿＿＿＿

(3)　This book was written <u>ten years ago</u>.　（下線部をたずねる疑問文に）

　　　＿＿＿＿＿＿＿＿＿＿＿＿＿＿＿＿＿＿＿＿＿＿＿＿＿＿＿＿＿＿＿＿

5 次の英文を読んで，あとの問いに答えなさい。〔17点〕

①〔 located / is / South Asia / in / India 〕. More than ②(10億) people live in India. They speak many languages. In India, there is a saying, "③(_____) four (_____) the speech changes." There are 22 official languages, and more than 250 other languages are ④(speak) in India.

(1) 下線部①が「インドは南アジアに位置します。」という意味になるように，〔　〕内の語句を並べかえなさい。〈5点〉

_____

(2) ②の（　）内の数を英語2語で書きなさい。〈4点〉

_____

(3) 下線部③が「4マイルごとに話しことばが変わります。」という意味になるように，（　）に適する語を書きなさい。〈4点〉

_____ four _____ the speech changes.

(4) ④の（　）内の語を適する形になおしなさい。〈4点〉

_____

6 〔　〕内の語句を並べかえて，日本文にあう英文を書きなさい。ただし，それぞれ1語不要な語がある。5点×3〔15点〕

(1) 私の週末の予定は天気次第です。

〔 for / on / my / depends / to / plan / the weather / the weekend 〕.

_____

(2) 日本語は多くの国で学ばれています。

〔 in / learned / countries / Japanese / is / many / by 〕.

_____

(3) このペンはどこで見つかりましたか。

〔 this / where / found / was / did / pen 〕?

_____

7 次の日本文を英語になおしなさい。6点×3〔18点〕

(1) 私は彼らがその試合に勝つだろうと確信しています。

_____

(2) 15曲の歌が演奏会で歌われました。

_____

(3) このバンドは今，若い人々に好まれていません。

_____

The Story of Sadako 〜 後置修飾(動詞の -ing 形・過去分詞)，be glad to 〜

テストに出る！ **ココ が 要点 ＆ チェック！**

後置修飾(動詞の -ing 形・過去分詞)

 教 p.36〜p.50

1 「〜している…」

➡★(1)(2)

「〜している…」と人やものの状態を説明するときは，〈名詞＋動詞の -ing 形 〜〉の形で表す。

The girl ＿＿＿＿＿＿＿＿＿＿＿ is Yuka.　その女の子は由佳です。

⇩

-ing 形 | The girl | playing tennis is Yuka.　テニスをしている女の子は由佳です。

playing tennis(テニスをしている)が直前の名詞 The girl を説明している

2 「〜された[されている]…」

➡★(3)(4)

「〜された[されている]…」と人やものの状態を説明するときは，〈名詞＋動詞の過去分詞 〜〉の形で表す。

This is a famous book ＿＿＿＿＿＿＿＿＿＿＿.　これは有名な本です。

⇩

過去分詞 | This is | a famous book | written by Soseki.　これは，漱石(そうせき)によって書かれた有名な本です。

written by Soseki(漱石によって書かれた)が
直前の名詞 a famous book を説明している

┌─── **動詞の -ing 形・過去分詞が 1 語で名詞を説明するとき** ───┐

動詞の -ing 形・過去分詞が 1 語で名詞を説明するときは，名詞の前に置く。
a sleeping boy (眠っている男の子)　　a washed car (洗われた車)

be glad to 〜

 教 p.48〜p.50

3 「〜してうれしい」

➡★(5)

「〜して…」と感情の原因や理由をいうときは，to 不定詞(to ＋動詞の原形)で表す。

I'm glad to hear that.　私はそれを聞いてうれしいです。

glad(うれしい)の原因を後ろから説明している

┌─── 〈形容詞＋to 〜〉のそのほかの例文 ───┐

I'm sad to know the news.　私はその知らせを知って悲しいです。
I'm happy to be with you.　私はあなたといられて幸せです。
I was surprised to read this book.　私はこの本を読んで驚きました。
I'm sorry to hear that.　私はそれを聞いて残念に思います。

その他の表現

教 p.36〜p.50

4 受け身形「〜され(てい)ます」 ➡★(6)

「〜され(てい)ます」というときは、〈be 動詞＋動詞の過去分詞〉で表す。その動作をした人は〈by ＋人〉「〜によって」で表せるが、明らかにする必要がなければ省略できる。

These computers were made in 1995.
過去は be 動詞を過去形にして表す ─〈be 動詞＋動詞の過去分詞〉

これらのコンピューターは 1995 年に作られました。

This school was built by a famous woman.
〈be 動詞＋動詞の過去分詞〉 ─動作をした人

この学校はある有名な女性によって建てられました。

5 「A を B と呼ぶ」、「(A の状態)になる」 ➡★(7)〜(9)

「A を B と呼ぶ」は〈call＋A＋B〉で表せる。このとき、「A＝B」の関係となる。また、「(A の状態)になる」は〈get＋A〉または〈become＋A〉で表す。このとき、「主語＝A」の関係となる。

〈call＋A＋B〉　We call this uchiwa.　　私たちはこれをうちわと呼びます。
this(これ)＝uchiwa(うちわ)の関係

〈get＋A〉　　　The situation got bad.　　事態は悪くなりました。

〈become＋A〉　My brother became famous.　私の兄[弟]は有名になりました。

─ 〈get＋A〉と〈become＋A〉の違い ─

〈get＋A〉は「(一時的に)なる」を表し、〈become＋A〉は「(長い期間)なる」を表す。
(例)get sick「(かぜなど一時的に)病気になる」
　　become sick「(長い期間病気になる＝)病気がちになる」

☆チェック！ （　）内から適するものを選びなさい。

1
- □ (1) That boy (swims / swimming) in the river is Jim.　川で泳いでいるあの男の子はジムです。
- □ (2) I see a dog (looking / looks) at me.　私を見ているイヌが見えます。

2
- □ (3) The songs (singing / sung) by him are popular.　彼によって歌われる歌は人気があります。
- □ (4) This is a watch (made / making) in China.　これは中国製の腕時計です。

3
- □ (5) I'm glad to (talking / talk) with you.　私はあなたと話せてうれしいです。

4
- □ (6) He was (liked / liking) by everyone.　彼はみんなに好かれていました。

5
- □ (7) We (call / say) the cat Tama.　私たちはそのネコをタマと呼びます。
- □ (8) Bob (took / got) angry.　ボブは怒りました。
- □ (9) This country will (become / come) peaceful.　この国は平和になるでしょう。

テスト対策問題

テスト対策☀ナビ

♪ a07

リスニング

1 それぞれア〜ウの英文を聞いて, 絵の内容にあう英文を1つ選び, 記号で答えなさい。

(1)

(　)

(2)

(　)

2 (1)〜(6)は単語の意味を書きなさい。(7)〜(10)は日本語を英語にしなさい。

(1) destroy （ 　　　　 ）　(2) flash （ 　　　　 ）

(3) survive （ 　　　　 ）　(4) sickness （ 　　　　 ）

(5) receive （ 　　　　 ）　(6) purse （ 　　　　 ）

(7) 衝撃を与える ＿＿＿＿＿　(8) 走者 ＿＿＿＿＿

(9) がん ＿＿＿＿＿　(10) 今夜(は) ＿＿＿＿＿

2 重要単語

(4) sick「病気の」の名詞形。

(8) run「走る」から派生した名詞。

3 次の日本文にあうように, ＿＿＿に適する語を書きなさい。

(1) 加藤先生はきょう, めがねをかけていません。

Mr. kato isn't ＿＿＿＿＿＿ ＿＿＿＿＿＿ today.

(2) 何枚の絵が壁に展示されていますか。

How many pictures are ＿＿＿＿＿ ＿＿＿＿＿ on the wall?

(3) あなたはここで食事をするために, 少なくとも100ドル必要です。

You need ＿＿＿＿＿ ＿＿＿＿＿ 100 dollars to eat here.

(4) その少年は成長して教師になりました。

The boy ＿＿＿＿＿ ＿＿＿＿＿ and became a teacher.

(5) 最初は, 私は本当に不安でした。

＿＿＿＿＿ ＿＿＿＿＿, I was really nervous.

3 重要表現

(1)「めがね」はレンズが2枚あるため, つねに複数形で表す。

(4)「成長する」は grow up。過去の文であることに注意する。

(5) first に前置詞をつけて表す。

4 次の文に（ ）内の語を入れるとき, 適切な位置の記号を○で囲みなさい。

(1) Who is the woman an English song? （singing）
　　　ア　イ　　ウ　　　エ

(2) That is the library last year. （built）
　　　ア　イ　　ウ　　エ

(3) The boy over there is Ken. （standing）
　　　　ア　イ　　　ウエ

(4) We saw a lot of houses . （damaged）
　　ア　イ　　ウ　　エ

4 後置修飾(-ing形・過去分詞)

ポイント

・〈名詞＋動詞の -ing形(＋語句)〉→「〜している…」

・〈名詞＋動詞の過去分詞(＋語句)〉→「〜された[されている]…」

※1語だけの場合は名詞の前にくる。

p.19 答 (1) swimming (2) looking (3) sung (4) made (5) talk (6) liked (7) call (8) got (9) become

5 次は，広島平和記念資料館を見学したあとショックを受けたという
ケイトと，丘先生の対話です。これを読んで，あとの問いに答えなさい。

> *Mr. Oka:* I understand your feelings. It's important for us （ ① ） the reality of war.
> *Kate:* I agree. ② It （ 　　　 ） never （ 　　　 ） again. What can we do?
> *Mr. Oka:* Well, it's a question ③(raise) by many visitors here.

(1) ①の（ ）内に適するものを選び，記号で答えなさい。

ア see　　イ to see　　ウ seeing　　エ saw　（ 　　 ）

(2) 下線部②が「それは決して，二度と起こってはなりません。」
という意味になるように，（ ）に適する語を書きなさい。

It ＿＿＿＿＿＿＿ never ＿＿＿＿＿＿＿ again.

(3) ③の（ ）内の語を適する形になおしなさい。　＿＿＿＿＿＿

6 ［ ］内の語を並べかえて，日本文にあう英文を書きなさい。
私はまたあなたに会えてうれしいです。
［ see / I'm / to / glad / again / you ］.

＿＿＿＿＿＿＿＿＿＿＿＿＿＿＿＿＿＿＿＿＿＿＿＿

7 次の文を，下線部を主語にした文に書きかえなさい。

(1) My grandfather made <u>this chair</u>.

＿＿＿＿＿＿＿＿＿＿＿＿＿＿＿＿＿＿＿＿＿＿＿＿

(2) My sister uses <u>these dishes</u>.

＿＿＿＿＿＿＿＿＿＿＿＿＿＿＿＿＿＿＿＿＿＿＿＿

8 次の対話が成り立つように，＿＿に適する語を書きなさい。

(1) *A:* Who is Mii-chan?

B: It's me. My friends ＿＿＿＿＿＿ ＿＿＿＿＿＿ Mii-chan.

(2) *A:* I hear your brother is in the hospital.

B: Yes. He ＿＿＿＿＿＿ sick when he had dinner.

9 次の日本文を英語になおしなさい。

(1) あなたはジョン(John)とサッカーをしている生徒たちを知っていますか。

＿＿＿＿＿＿＿＿＿＿＿＿＿＿＿＿＿＿＿＿＿＿＿＿

(2) これらはロンドンで撮られた写真です。

＿＿＿＿＿＿＿＿＿＿＿＿＿＿＿＿＿＿＿＿＿＿＿＿

(3) あなたはその映画を見て悲しいのですか。

＿＿＿＿＿＿＿＿＿＿＿＿＿＿＿＿＿＿＿＿＿＿＿＿

---

5 本文の理解

(1) It is 〜 for A to .... 「Aにとって…することは〜です。」の文。
(2)「〜してはならない」をmustの否定文で表す。
(3)名詞 question を修飾する形に。

6 be glad to 〜

おぼえよう！
〈形容詞＋to 不定詞〉
形容詞のあとに to 不定詞を置くと，その原因を表すことができる。

7 受け身形

ミス注意！
受け身形に書きかえるときは，文の時制と主語をよく確認しよう。

8 「AをBと呼ぶ」，「(Aの状態)になる」

ポイント
・〈call＋A＋B〉→「A＝B」の関係
・〈get[become]＋A〉→「主語＝A」の関係

9 英作文
(1)「ジョンとサッカーをしている」が「生徒たち」を後ろから修飾する形。
(2)「ロンドンで撮られた」が「写真」を後ろから修飾する形。

Lesson 3 〜 文法のまとめ③
The Story of Sadako 〜 後置修飾（動詞の -ing 形・過去分詞），be glad to 〜

🕐 30分

/100点

1 対話を聞いて，その内容にあうものを選び，記号で答えなさい。　　♪ a08　3点×2〔6点〕

(1)　ア　ナンシーのペンはスイス製である。

　　イ　ナンシーは今，悲しい。

　　ウ　ナンシーはまだペンを見つけることができていない。

(2)　ア　美希とジムの友人は，ドラムを演奏している。

　　イ　美希は明を知らなかった。

　　ウ　ジムは勝を知らなかった。　　　　　　　　　　(1)(　　　)　(2)(　　　)

2 次の日本文にあうように，＿＿に適する語を書きなさい。　　3点×5〔15点〕

(1)　それらの寺院は戦争の間に破壊されました。

　　Those temples ＿＿＿＿＿＿ ＿＿＿＿＿＿ during the war.

(2)　私の兄はきのう，かぜをひいていました。

　　My brother ＿＿＿＿＿＿ a ＿＿＿＿＿＿ yesterday.

(3)　その次の年，事態は(さらに)悪くなりました。

　　The next year, the situation ＿＿＿＿＿＿ ＿＿＿＿＿＿.

(4)　夏休みと言えば，あなたは去年どこへ行きましたか。

　　＿＿＿＿＿＿ ＿＿＿＿＿＿ the summer vacation, where did you go last year?

(5)　(相手の発言の意図を確かめて)どういう意味ですか。

　　＿＿＿＿＿＿ do you ＿＿＿＿＿＿?

3 次の文の＿＿に，(　)内の語を適する形にかえて書きなさい。　　3点×4〔12点〕

(1)　Who is the man ＿＿＿＿＿＿ a speech?　(make)

(2)　This is a mobile phone ＿＿＿＿＿＿ for little children.　(design)

(3)　What is the language ＿＿＿＿＿＿ in your country?　(speak)

(4)　The student ＿＿＿＿＿＿ by the window is my best friend.　(stand)

4 次の各組の文がほぼ同じ内容になるように，＿＿に適する語を書きなさい。　5点×3〔15点〕

(1)　{ Let's talk to the girl. She is reading a book on the bench.
　　{ Let's talk to the ＿＿＿＿＿＿ ＿＿＿＿＿＿ a book on the bench.

(2)　{ I was surprised when I saw the famous actor.
　　{ I was surprised ＿＿＿＿＿＿ ＿＿＿＿＿＿ the famous actor.

(3)　{ My mother makes cake. It is really good.
　　{ The ＿＿＿＿＿＿ ＿＿＿＿＿＿ by my mother is really good.

5 次の英文を読んで，あとの問いに答えなさい。　〔17点〕

It began （　①　） a flash. On August 6, 1945, an atomic bomb was ②(drop) over Hiroshima. Sadako was two years old. ③At 〔 died / by / of / 130,000 / the end / people / least 〕 the year, but she survived.

When Sadako was in elementary school, she especially liked her P.E. class and was good （　④　） sports. She wanted to be a P.E. teacher when she ⑤(grow) up.

(1)　①，④の（　）に適する語をア〜エから１つずつ選び，記号で答えなさい。　3点×2〈6点〉

　　ア　at　　イ　until　　ウ　of　　エ　with　　　　　①（　　　） ④（　　　）

(2)　②，⑤の（　）内の語を適する形になおしなさい。　3点×2〈6点〉

　　　　　　　　　　　　　　　　②＿＿＿＿＿＿＿　⑤＿＿＿＿＿＿

(3)　下線部③が「少なくとも 13 万人がその年の終わりまでに亡くなりました」という意味になるように，〔　〕内の語句や数字を並べかえなさい。　〈5点〉

　　At ＿＿＿＿＿＿＿＿＿＿＿＿＿＿＿＿＿＿＿＿＿ the year,

6 〔　〕内の語句を並べかえて，日本文にあう英文を書きなさい。　5点×4〔20点〕

(1)　あなたは川端康成によって書かれた本を読んでいるのですか。

　　〔 a / are / book / by / reading / you / written 〕 Kawabata Yasunari?

　　＿＿＿＿＿＿＿＿＿＿＿＿＿＿＿＿＿＿＿＿ Kawabata Yasunari?

(2)　私たちはその知らせを聞いてショックを受けました。

　　〔 the news / we / hear / were / to / shocked 〕.

　　＿＿＿＿＿＿＿＿＿＿＿＿＿＿＿＿＿＿＿＿

(3)　いすの下で眠っているネコは由美のものです。

　　〔 the / the / chair / Yumi's / cat / under / is / sleeping 〕.

　　＿＿＿＿＿＿＿＿＿＿＿＿＿＿＿＿＿＿＿＿

(4)　あなたのお父さんはすぐに元気になるでしょう。

　　〔 become / will / your / fine / father 〕 soon.

　　＿＿＿＿＿＿＿＿＿＿＿＿＿＿＿＿＿＿＿ soon.

7 次の日本文を英語になおしなさい。　5点×3〔15点〕

(1)　あなたは，向こうでバスを待っている女性を知っていますか。

　　＿＿＿＿＿＿＿＿＿＿＿＿＿＿＿＿＿＿＿＿

(2)　あれは私たちの英語の先生によって（絵の具で）かかれた絵です。

　　＿＿＿＿＿＿＿＿＿＿＿＿＿＿＿＿＿＿＿＿

(3)　あなたたちは英語でこれを何と呼びますか。

　　＿＿＿＿＿＿＿＿＿＿＿＿＿＿＿＿＿＿＿＿

The World's Manga and Anime 〜 道順を教えていただけますか

テストに出る！ ココが要点＆チェック！

関係代名詞（主格）

教 p.52〜p.61

1 関係代名詞（主格）の that

→★★(1)(2)

〈名詞＋that＋動詞 〜〉で「〜する…」の意味。この that を主格の関係代名詞といい，that 以下が直前の名詞を説明する。また，that は直後の動詞の主語のはたらきもする。

(a book＝it)
I have a book. It has beautiful pictures.

私は本を持っています。それには美しい写真が載っています。

⬇ that を使って2文を関係づけることができる

I have a book that has beautiful pictures.

that は a book をさす代名詞(has の主語)としてはたらく

私は美しい写真が載っている本を持っています。

本の説明

a book

a book that has
beautiful pictures

● 主語＋関係代名詞 ●

That dog that has white hair is mine.
主語　　　　　　　　　　　　　動詞

「白い毛をしたあのイヌは，私のものです。」
関係代名詞が文全体の主語を説明する場合もある。
上の文では That dog is mine. という文の主語
That dog を関係代名詞が説明する形になっている。

2 関係代名詞（主格）の which / who

→★★(3)〜(5)

関係代名詞（主格）の which は前の名詞が「もの」を表す名詞のとき，who は前の名詞が「人」を表す名詞のときに使う。that は「もの」と「人」の両方に使うことができる。

「本」＝もの
もの I have a book which has beautiful pictures.
（＝I have a book that has beautiful pictures.）

私は美しい写真が載っている本を持っています。

「友達」＝人
人 I have a friend who can speak Spanish.
（＝I have a friend that can speak Spanish.）
that は「人」にも使える

私にはスペイン語が話せる友達がいます。

Hola!

友達の
説明

a friend

a friend that
can speak Spanish

● 関係代名詞の後ろの動詞 ●

・主格の関係代名詞の後ろの動詞は，関係代名詞が説明する名詞に合わせた形にする。
I have some books that are written in English.
books に合わせ are に
「私は英語で書かれている本を何冊か持っています。」

その他の表現

教 p.57〜p.63

3 道をたずねる表現

➡★(6)(7)

道をたずねるときは Could you tell me how to get to 〜?「〜への行き方を教えていただけますか。」という。

Could you tell me **how to get** to the city library**?**

Could you 〜?:
「〜してくださいませんか。」

〈how to 〜〉
「〜の仕方」

市立図書館への行き方を教えていただけますか。

— Sure. Take the A Line to Midori Station.

命令文を使って教える

いいですよ。A線に乗ってみどり駅まで行ってください。

get there「そこに行く」

・there は「そこに, そこで」という意味の副詞で, 前置詞 to や in の意味を含んでいる。そのため,「そこに行く」は get there となり, 前置詞はつけない。

4 「(Aにとって)…することは〜だ」(復習)

➡★(8)(9)

to 不定詞(名詞用法)を主語にすると主語が長くなるので, It を主語にして to 不定詞を後ろに送った形。It は to 不定詞の内容を表す。to 不定詞の意味上の主語は〈for A〉で表す。

To answer the question was easy for me.

名詞用法(主語)

後ろに送られた主語

It was easy for me to answer the question.

to 不定詞の内容をさす

〈for A〉意味上の主語

私がその質問に答えることは簡単でした。

☆チェック! （　）内から適する語を選びなさい。

1
□ (1) Ken has an uncle (this / that) lives in Osaka. 健には大阪に住むおじがいます。
□ (2) The cat (it / that) is sleeping under the tree is very cute.
木の下で眠っているネコはとてもかわいいです。

2
□ (3) I have a friend (which / who) sings very well. 私にはとても上手に歌う友達がいます。
□ (4) Mary lives in a house (which / who) has six rooms.
メアリーは6つ部屋のある家に住んでいます。
□ (5) He read two books that (was / were) written by the author.
彼はその作者によって書かれた本を2冊読みました。

3
□ (6) (Could / May) you tell me how to get to the museum?
博物館への行き方を教えていただけますか。
□ (7) Sure. (Take / Get) the B Line to Sakura Station.
いいですよ。B線に乗ってさくら駅まで行ってください。

4
□ (8) (It / That) is fun to play soccer. サッカーをすることは楽しいです。
□ (9) It's hard for (he / him) to do the work. 彼がその仕事をすることは困難です。

☆チェック! の答えは次ページ➡ **25**

テスト対策問題

テスト対策ナビ

🎵 リスニング

♪ a09

1 次の(1)と(2)について，それぞれ英文が読まれます。英文と絵の内容があっていれば○を，あっていなければ×を書きなさい。

(1)(　　　)　(2)(　　　)

---

2 (1)〜(6)は単語の意味を書き，(7)〜(10)は日本語を英語にしなさい。

(1) western （　　　　　　）　(2) success （　　　　　　　　）

(3) conclusion（　　　　　　）　(4) whole （　　　　　　　　）

(5) probably （　　　　　　）　(6) fit （　　　　　　　　）

(7) 発見 ＿＿＿＿＿＿　(8) 説明 ＿＿＿＿＿＿＿

(9) ふるまい ＿＿＿＿＿　(10) 魅力的な ＿＿＿＿＿＿

2 重要単語
(1) west の形容詞形。
(7) discover「発見する」の名詞形。
(8) explain「説明する」の名詞形。

3 次の日本文にあうように，＿＿に適する語を書きなさい。

よく出る(1) 日本文化を世界に紹介しましょう。

Let's ＿＿＿＿＿ Japanese culture ＿＿＿＿＿ the world.

(2) たくさんの人々がその行事に参加するでしょう。

＿＿＿＿＿ ＿＿＿＿＿ people will join the event.

(3) 教室には3人の生徒がいました。

＿＿＿＿＿ ＿＿＿＿＿ three students in the classroom.

(4) 私たちは人気歌手たちによる話を聞きました。

We ＿＿＿＿＿ talks ＿＿＿＿＿ popular singers.

ミス注意!(5) これらは使用済みの切手です。

These are ＿＿＿＿＿ ＿＿＿＿＿.

よく出る(6) その歌は多くの人々によく知られています。

The song ＿＿＿＿＿ ＿＿＿＿＿ ＿＿＿＿＿ many people.

3 重要表現

(2)空所の数から a lot of や many は使えない。

(3)存在を示す表現。

ミス注意!
(5) used は「中古の」という意味。

よく出る **4** 次の英文を日本語になおしなさい。

(1) I have an aunt that works in China.

(　　　　　　　　　　　　　　　　　　　　　）

(2) He lives in a room that has a big window.

(　　　　　　　　　　　　　　　　　　　　　）

(3) The boy that is running in the park is my friend Tom.

(　　　　　　　　　　　　　　　　　　　　　）

4 関係代名詞(主格)の that

ポイント

主格の that
〈名詞＋that＋動詞〜〉
「〜する…」は that の後ろが名詞を説明する。

(3) that 〜 park が主語の The boy を説明。

5 次の対話文を読んで，あとの問いに答えなさい。

5 本文の理解

> *Hana:* Oh, do you know that anime?
> *Jing:* Yes. It's about ① a talented 〔 can / amazing / soccer player / do / who 〕 tricks.
> *Hana:* That's right! *Captain Tsubasa* (②) soccer more popular in Japan.
> *Jing:* It's famous (③). People watch this anime all over the world.

(1) 下線部①が「すごい技を使うことができる才能あるサッカー選手」という意味になるように，〔　〕内の語句を並べかえなさい。

　　a talented ＿＿＿＿＿＿＿＿＿＿＿＿＿＿＿＿ tricks

(2) ②，③の（　）内に入る語を下から選び，記号で答えなさい。

　　② ア　became　　イ　gave　　　ウ　made　（　　）
　　③ ア　everyone　イ　everything　ウ　everywhere
　　　　　　　　　　　　　　　　　　　　　　　（　　）

(1)〈名詞＋関係代名詞＋助動詞＋動詞〜〉の語順。

(2)②〈make＋A＋B〉「AをBにする」，
③「どこでも」

よく出る 6 次の2つの文を who または which を使って1文にするとき，＿＿に適する語を書きなさい。

(1) I have a friend. He runs very fast.
　　I have a friend ＿＿＿＿＿ ＿＿＿＿＿ very fast.

(2) He lives in a house. It has four rooms.
　　He lives in a house ＿＿＿＿＿ ＿＿＿＿＿ four rooms.

(3) Look at the boys. They are playing soccer.
　　Look at the ＿＿＿＿＿ ＿＿＿＿＿ ＿＿＿＿＿ playing soccer.

6 関係代名詞（主格）の who / which

おぼえよう！

who / which の使い分け
who　 → 人
which → もの
*that は人・もの両方

(3)主格の関係代名詞の後ろの動詞の形は，説明する名詞に合わせる。

よく出る 7 次の対話が成り立つように，＿＿に適する語を書きなさい。

(1) A: Could you tell me ＿＿＿＿＿ ＿＿＿＿＿ get to the zoo?
　　B: Sure. ＿＿＿＿＿ that train and get off at the next station.

(2) A: Are you reading a newspaper?
　　B: Yes. It's important ＿＿＿＿＿ us ＿＿＿＿＿ learn about the world.

7 その他の表現

ポイント

・Could you 〜? は「〜してくださいませんか。」と丁寧に依頼する表現。

(2)It を主語にして，「Aが〜するのは…」を表す。

8 次の日本文を（　）内の語を使って英語になおしなさい。

よく出る (1) 私にはオーストラリアに住むおじがいます。（who）

　　＿＿＿＿＿＿＿＿＿＿＿＿＿＿＿＿＿＿＿＿

(2) いすの上で眠っているあのイヌはかわいいです。（which）

　　＿＿＿＿＿＿＿＿＿＿＿＿＿＿＿＿＿＿＿＿

8 英作文
(1)「オーストラリアに住む」が「おじ」を説明。
(2)「あのイヌ」を，関係代名詞を使って説明。

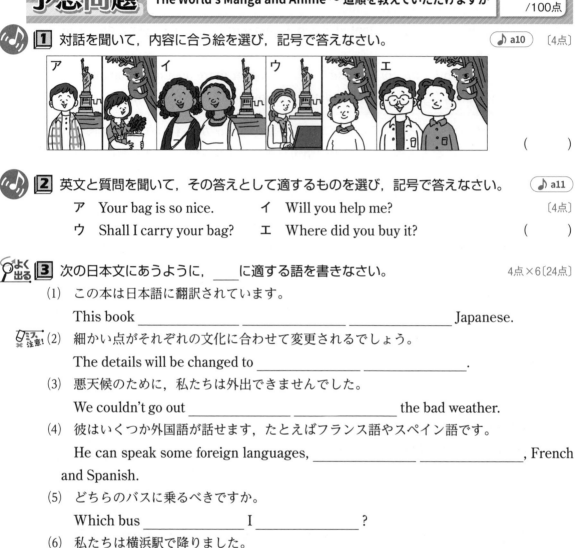

テストに出る！
予想問題

Lesson 4 〜 Take Action! 4 ❶
The World's Manga and Anime 〜 道順を教えていただけますか

🕐 30分

/100点

1 対話を聞いて，内容に合う絵を選び，記号で答えなさい。　♪ a10 〔4点〕

（　　　）

2 英文と質問を聞いて，その答えとして適するものを選び，記号で答えなさい。　♪ a11

ア　Your bag is so nice.　　イ　Will you help me?　〔4点〕

ウ　Shall I carry your bag?　エ　Where did you buy it?　（　　　）

3 次の日本文にあうように，＿＿＿に適する語を書きなさい。　4点×6〔24点〕

(1) この本は日本語に翻訳されています。

This book ＿＿＿＿＿＿＿＿ ＿＿＿＿＿＿＿＿ ＿＿＿＿＿＿＿＿ Japanese.

(2) 細かい点がそれぞれの文化に合わせて変更されるでしょう。

The details will be changed to ＿＿＿＿＿＿＿ ＿＿＿＿＿＿＿.

(3) 悪天候のために，私たちは外出できませんでした。

We couldn't go out ＿＿＿＿＿＿＿ ＿＿＿＿＿＿＿ the bad weather.

(4) 彼はいくつか外国語が話せます，たとえばフランス語やスペイン語です。

He can speak some foreign languages, ＿＿＿＿＿＿＿ ＿＿＿＿＿＿＿, French

and Spanish.

(5) どちらのバスに乗るべきですか。

Which bus ＿＿＿＿＿＿＿ I ＿＿＿＿＿＿＿ ?

(6) 私たちは横浜駅で降りました。

We ＿＿＿＿＿＿＿ ＿＿＿＿＿＿＿ ＿＿＿＿＿＿＿ Yokohama Station.

4 次の2つの文を who または which を使って1文にしなさい。　4点×4〔16点〕

(1) I have a sister. She works at a hospital.

＿＿＿＿＿＿＿＿＿＿＿＿＿＿＿＿＿＿＿＿＿＿＿＿＿＿＿＿＿＿＿＿＿＿＿

(2) Ben lives in a room. It has white walls.

＿＿＿＿＿＿＿＿＿＿＿＿＿＿＿＿＿＿＿＿＿＿＿＿＿＿＿＿＿＿＿＿＿＿＿

(3) Look at the students. They are sitting on the bench.

＿＿＿＿＿＿＿＿＿＿＿＿＿＿＿＿＿＿＿＿＿＿＿＿＿＿＿＿＿＿＿＿＿＿＿

(4) The book is very expensive. It has many beautiful pictures.

＿＿＿＿＿＿＿＿＿＿＿＿＿＿＿＿＿＿＿＿＿＿＿＿＿＿＿＿＿＿＿＿＿＿＿

5 次の英文を読んで，あとの問いに答えなさい。 〔17点〕

People（ ① ）the world now know and love Japanese anime. Some characters are familiar（ ② ）people who do not usually read manga or watch anime. One of the reasons（ ③ ）this success is ④<u>the〔that / for / adjustments / made / viewers / were〕overseas.</u> ⑤<u>Three of them</u> involve titles, characters, and content.

(1) ①～③の（ ）内に入る語を下の〔 〕内から選び，書きなさい。 3点×3〈9点〉

〔about, around, for, on, over, to, with〕

①＿＿＿＿＿ ②＿＿＿＿＿ ③＿＿＿＿＿

(2) 下線部④が「海外の視聴者のために行われた調整」という意味になるように，〔 〕内の語を並べかえなさい。 〈4点〉

the ＿＿＿＿＿＿＿＿＿＿＿ overseas

(3) 下線部⑤がさすものを 3 つ日本語で答えなさい。 〈4点〉

（ ）（ ）（ ）

6 〔 〕内の語句を並べかえて，日本文にあう英文を書きなさい。 5点×4〔20点〕

(1) 私には医者になりたがっている兄がいます。

I have〔who / to / a brother / be / wants〕a doctor.

I have ＿＿＿＿＿＿＿＿＿ a doctor.

(2) ここは旅行者に人気のあるレストランです。

This is〔with / that / a restaurant / popular / is〕tourists.

This is ＿＿＿＿＿＿＿＿＿ tourists.

(3) 子どもたちにとって，なじみのない習慣を理解することは難しいことです。

It〔children / unfamiliar / is / to / hard / for / understand〕customs.

It ＿＿＿＿＿＿＿＿＿ customs.

(4) 設定がその映画をより魅力的なものにしています。

〔makes / attractive / the movie / the setting / more〕.

＿＿＿＿＿＿＿＿＿

7 次の日本文を（ ）内の語句を使って，英語になおしなさい。 5点×3〔15点〕

(1) 私には 3 か国語以上話せる友達がいます。(a friend)

＿＿＿＿＿＿＿＿＿

(2) これは駅に行くバスですか。(the bus)

＿＿＿＿＿＿＿＿＿

(3) 郵便局への行き方を教えてもらえませんか。(how)

＿＿＿＿＿＿＿＿＿

Lesson 4 〜 Take Action! 4 ❷
The World's Manga and Anime 〜 道順を教えていただけますか

テストに出る！ 予想問題

🕐 30分　/100点

♫ **1** 市役所の最寄駅についての対話を聞いて，質問に合う記号を答えなさい。　♪ a12　〔5点〕

(　　)

2 次の日本文にあうように，＿＿に適する語を右から選び，書きなさい。　3点×6〔18点〕

(1) たぶん 2，3 日で，その仕事は終わるでしょう。

I will finish the work, ＿＿＿＿＿＿＿ in a few days.

(2) 私はそのバスに乗れませんでした。それゆえに，歩いて帰宅しなければなりませんでした。

I couldn't take the bus. ＿＿＿＿＿＿＿, I had to walk home.

(3) この国では大きな地震がしばしば起こります。

Big earthquakes ＿＿＿＿＿＿＿ happen in this country.

(4) このアニメはおもに子ども向けです。

This anime is ＿＿＿＿＿＿＿ for children.

(5) この物語はもともと中国語で書かれました。

This story was ＿＿＿＿＿＿＿ written in Chinese.

(6) 文字通りに翻訳するのが好きな生徒もいます。

Some students like to translate ＿＿＿＿＿＿＿.

frequently
literally
originally
mainly
perhaps
therefore

3 次の各組の文がほぼ同じ内容を表すように，＿＿に適する語を書きなさい。　5点×3〔15点〕

(1) She has a dog with long hair.

She has a dog ＿＿＿＿＿＿＿ ＿＿＿＿＿＿＿ long hair.

(2) He has a sister living in Kyoto.

He has a sister ＿＿＿＿＿＿＿ ＿＿＿＿＿＿＿ in Kyoto.

(3) These are pictures taken in the U.S.A.

These are ＿＿＿＿＿＿＿ ＿＿＿＿＿＿＿ ＿＿＿＿＿＿＿ taken in the U.S.A.

4 次の英文を日本語になおしなさい。　5点×2〔10点〕

(1) This is a big event which introduces Chinese culture to children.

(　　　　　　　　　　　　　　　　　　　　　　　　　　)

(2) This song made the singer very famous.

(　　　　　　　　　　　　　　　　　　　　　　　　　　)

5 次の対話を読んで，あとの問いに答えなさい。 〔19点〕

> *Woman:* Excuse me. I'd like to go to the museum. ①(　　　) you (　　　) me
> (　　　) to get there, please?
>
> *Ken:* Sure. Well, (　②　) the Red Line to Sakura Station. Then (　③　) to the
> Blue Line. And (　④　) off at City Park Station. The museum is near the
> station.
>
> *Woman:* (　⑤　) Thank you very much.
>
> *Ken:* My pleasure. (　⑥　)

(1) 下線部①が「どうかそこへの行き方を教えてくださいませんか。」という意味になるように，(　)に適する語を書きなさい。 〈4点〉

_____ you _____ me _____ to get there, please?

(2) ②～④の(　)内に入る語を下から選び，書きなさい。 3点×3〈9点〉

〔 bring, change, get, leave, make, take 〕

②_____ ③_____ ④_____

(3) ⑤，⑥の(　)内に入るものを下から選び，記号で答えなさい。 3点×2〈6点〉

ア Let me see. 　 イ I got it. 　 ウ That's right. 　 エ Have a nice trip!

⑤(　　) ⑥(　　)

6 〔　〕内の語句を並べかえて，日本文にあう英文を書きなさい。 5点×3〔15点〕

(1) 彼には病院で医師として働くおばがいます。

He 〔 an aunt / as / has / works / who / a doctor 〕 at a hospital.

He _____ at a hospital.

(2) 私をあの女の子に紹介してくれませんか。

〔 that girl / you / me / to / will / introduce 〕?

_____

(3) タイトルは物語全体と関連のあるものに変更されるでしょう。

The title will be changed to 〔 the whole / to / something / story / that / relates 〕.

The title will be changed to _____.

7 次の日本文を英語になおしなさい。 6点×3〔18点〕

(1) 彼は私たちによいアドバイスをくれる先生です。 （関係代名詞を使って）

_____

(2) これは古い建物の写真が載っている本です。 （関係代名詞を使って）

_____

(3) 私がその問題に焦点を合わせることは難しいことでした。 （it を使って）

_____

Reading for Fun 1

Zorba's Promise

to 不定詞を含む表現 / keep＋A＋B / 重要表現

教 p.64〜p.67

1 to 不定詞を含む表現

➡ オプション ★(1)〜(3)

基本の3用法（名詞用法・形容詞用法・副詞用法）以外にも，how to〜「〜の仕方」や time to〜「〜する時間」などの表現もある。

Sunny <u>tried to read</u> this book.
└▶名詞用法「〜すること」tried の目的語

サニーはこの本を読もうとしました。

My father taught me <u>how to swim</u>.
└▶how to〜「〜の仕方」

父が私に泳ぎ方を教えてくれました。

It is <u>time to go to bed</u> now.
└▶time to〜「〜する時間」

もう寝る時間です。

〈疑問詞＋to〜〉
what to〜
「何を〜するか」
when to〜
「いつ〜するか」
where to〜
「どこへ［で］〜するか」

2 「A を B（の状態）に保つ」

➡ オプション ★(4)

〈keep＋A＋B〉は「A を B（の状態）に保つ」という意味を表す。

The bird **kept** | its eggs | | warm |.
「保つ」 「卵を」 「温かい状態に」
　　　　　　A　　　 B

その鳥は卵を温め続けました。

3 重要表現

➡ オプション ★(5)〜(7)

重要な表現を覚えよう。

The bird <u>is covered with</u> oil.
└▶be covered with〜「〜におおわれている」by 以外の前置詞を伴う受け身形

その鳥は油まみれです。

I have to <u>take care of</u> my brother today.
└▶take care of〜「〜の世話をする」

私はきょう，弟の世話をしなければなりません。

<u>Why do I have to</u> study abroad?
└▶why は「なぜ」，have to〜 は「〜する必要がある」という意味

なぜ私は留学しなければならないのですか。

★チェック！　（　）内から適する語句を選びなさい。

1
- □ (1) He tried (calling / to call) Lisa.　　　彼はリサに電話しようとしました。
- □ (2) I will learn (how / what) to cook.　　　私は料理の仕方を学びます。
- □ (3) It is time (leaving / to leave) now.　　　もう帰る時間です。

2
- □ (4) Please (become / keep) the room warm.　　　部屋を暖かく保っていてください。

3
- □ (5) The cup was covered (by / with) paper.　　　その茶わんは紙でおおわれていました。
- □ (6) She takes care (for / of) her sister.　　　彼女は妹の世話をします。
- □ (7) (Why / How) do I have to stay here?　　　なぜ私はここにいなければならないのですか。

★チェック！ の答えは次ページ ⤵

テスト対策問題

リスニング

♪ a13

1 英文を聞いて，その内容に合うものをそれぞれ選び，記号で答えなさい。

ア　イ　ウ　エ

(1)(　　　)
(2)(　　　)

2 (1)～(6)は単語の意味を書きなさい。(7)～(10)は日本語を英語にしなさい。

(1) position （　　　　　）　(2) direction （　　　　　）

(3) fat （　　　　　）　(4) dirty （　　　　　）

(5) correct （　　　　　）　(6) moment （　　　　　）

(7) 着陸する _____　(8) 広い _____

(9) 体 _____　(10) 制御 _____

2 重要単語

(4) clean の反意語。

(8) narrow の反意語。

3 次の日本文にあうように，____に適する語を書きなさい。

(1) なぜ私は彼女に電話しなければなりませんか。

_____ do I _____ to call her?

(2) それらのイヌは走り始めました。

Those dogs started _____ _____.

(3) 彼がこの動物の世話をします。

He _____ _____ _____ this animal.

(4) あなたは私の助けなしでそれをすることができます。

You can do it _____ my _____.

3 重要表現
(1)「～しなければならない」have to ～
(2)「走ることを始める」と考える。
(3) care「世話」
(4) without ～「～なしで」

4 重要表現

ポイント
・It is time to ～.
　「～する時間だ。」
・〈keep＋A＋B〉
　「AをB（の状態）に保つ」

4 〔　〕内の語を並べかえて，日本文にあう英文を書きなさい。

(1) 出発する時間です。〔 to / is / start / time / it 〕.

_____

(2) 部屋をきれいにしておきなさい。〔 room / keep / clean / your 〕.

_____

5 英作文
(1)〈疑問詞＋to ～〉

おぼえよう！
by 以外の前置詞を使う受け身形
・be known to ～
　「～に知られている」
・be covered with ～
　「～におおわれている」

5 次の日本文を英語になおしなさい。

(1) あなたはこの楽器の演奏の仕方を知っていますか。

_____

(2) 空は黒い雲におおわれています。

_____

テストに出る！

予想問題

Reading for Fun 1
Zorba's Promise

⏱ 30分

/100点

🎵 **1** 対話と質問を聞いて，内容に合う絵を選び，記号で答えなさい。　♪ a14　〔5点〕

ア　イ　ウ　エ

（　　　）

🎵 **2** 英文と質問を聞いて，その答えとして適するものを一つ選び，記号で答えなさい。　♪ a15

ア　How about having lunch?　　イ　I want to know where to go.　　〔5点〕

ウ　It's time to go home.　　　　エ　What can I do for you?　　（　　　）

3 次の日本文にあうように，＿＿＿に適する語を書きなさい。　　4点×6〔24点〕

(1) その通りです。

That's ＿＿＿＿＿＿＿＿.

(2) 彼は私に対してとても意地悪です。

He is so ＿＿＿＿＿＿＿ to me.

よく出る (3) 彼女は決して諦めませんでした。

She never ＿＿＿＿＿＿＿ ＿＿＿＿＿＿＿.

(4) たとえ彼女が年下であっても，私は彼女を尊敬しています。

I respect her ＿＿＿＿＿＿＿ ＿＿＿＿＿＿＿ she is younger than I am.

(5) 私は全力を尽くすと約束します。

I ＿＿＿＿＿＿＿ ＿＿＿＿＿＿＿ do my best.

よく出る (6) その方向には何も見えませんでした。

We could not see anything ＿＿＿＿＿＿＿ the ＿＿＿＿＿＿＿.

4 次の文を（　）内の指示にしたがって書きかえるとき，＿＿＿に適する語を書きなさい。

ミス注意! (1) The bird lays a few eggs.　（just を加えて現在完了の文に）　　4点×4〔16点〕

The bird ＿＿＿＿＿＿＿ ＿＿＿＿＿＿＿ ＿＿＿＿＿＿＿ a few eggs.

(2) I relaxed on the balcony.　（過去進行形の文に）

I ＿＿＿＿＿＿＿ ＿＿＿＿＿＿＿ on the balcony.

やや難 (3) We can't do it if he doesn't help us.　（ほぼ同じ内容の文に）

We can't do it ＿＿＿＿＿＿＿ his ＿＿＿＿＿＿＿.

(4) Jack has to wash the dishes.　（疑問文に）

＿＿＿＿＿＿＿ Jack ＿＿＿＿＿＿＿ ＿＿＿＿＿＿＿ wash the dishes?

5 次の英文を読んで，あとの問いに答えなさい。　　　　　　　　　　　　　〔20点〕

> Lucky's flying lessons started. She tried to fly many times, but she always (①).
> One rainy night, Zorba and Lucky went to a tower.
> 　"Lucky, ②(　　) the sky is (　　). Open your wings and fly."
> 　"I can't," she cried and (③) away from the edge.
> 　"Yes, you can. ④You can if you really want."
> Lucky got back into position and (⑤) into the air. She fell a little at first.
> Moments later she gained control. Her wings (⑥) the wind, and she started to
> fly.
>
> 　出典：Excerpt from HISTORIA DE UNA GAVIOTA Y DEL GATO QUE LE ENSENO A
> 　　　　　VOLAR (c) Luis Sepúlveda, 1996 and Heirs of Luis Sepúlveda. Arranged through Japan
> 　　　　　UNI Agency, Inc., Tokyo.

(1) ①③⑤⑥の（　）内に入る語を下の〔　〕内から選び，適切な形に直して書きなさい。

〔 catch, fail, find, give, land, pull, step 〕　　　　　3点×4〈12点〉

① _____　③ _____　⑤ _____　⑥ _____

(2) 下線部②が「空はすべてきみのものだ」という意味になるように，____ に適する語を書
きなさい。　　　　　　　　　　　　　　　　　　　　　　　　　　　　　　　〈4点〉

_____ the sky is _____

(3) 下線部④は語句が省略されています。下の____ に省略されている語を補って英文を完成
させなさい。　　　　　　　　　　　　　　　　　　　　　　　　　　　　　　〈4点〉

You can _____ if you really want _____ _____.

6 〔　〕内の語句を並べかえて，日本文にあう英文を書きなさい。　　6点×3〔18点〕

(1) 兄は私に一輪車の乗り方を教えてくれました。

〔 ride / taught / how / me / a unicycle / my brother / to 〕.

_____

(2) 私はペットの世話をするために，家にいなければなりません。

〔 my pets / to / of / stay / care / must / I / take / home 〕.

_____

(3) なぜ彼は油まみれだったのですか。

〔 why / he / was / covered / with / oil 〕?

_____

7 次の日本文を英語になおしなさい。　　　　　　　　　　　　　　　6点×2〔12点〕

(1) 彼女はいつも自分の部屋をきれいにしています。

_____

(2) 起きる時間です。

_____

I Have a Dream 〜 国際交流イベントに出展しよう

テストに出る！ ココが要点&チェック！

関係代名詞（目的格）

教 p.70〜p.82

1 関係代名詞（目的格）の that

➡★☆(1)(2)

〈名詞＋that＋A（主語）＋動詞 〜〉で「Aが〜する…」の意味。この that を目的格の関係代名詞といい，that 以下が直前の名詞を説明する。また，that は後続の動詞の目的語のはたらきもする。

This is the book. I read it last night.

これがその本です。私は昨夜それを読みました。

This is the book ┃that┃ I read ┊   ┊ last night.

↓目的語の位置には何も入れない

that は目的語の it（＝the book）のはたらき

これは，私が昨夜読んだ本です。

本の説明

the book

⇒

the book that I read last night

─ 関係代名詞と前置詞の目的語 ─

前置詞 in のあとに名詞がない

This is the house ┃that┃ I live in ┊   ┊.

(This is the house. ＋ I live in it.)

「これが，私が住んでいる家です。」
関係代名詞が前置詞の目的語としてはたらくこともある。上の文では，that が前置詞 in の目的語のはたらきをしている。

2 関係代名詞（目的格）の which

➡★☆(3)(4)

目的格でも説明する名詞が「もの」を表すときは which を使うことができる。一方，説明する名詞が「人」を表す場合は，ふつう that を使う。

もの 「本」＝もの↓

This is the book ┃which┃ I read last night. これは，私が昨夜読んだ本です。
（＝This is the book that I read last night.）

人 「歌手」＝人

She is the singer ┃that┃ I like the best. 彼女は，私がいちばん好きな歌手です。
「人」には that を使う

─ 関係代名詞のまとめ ─

前の名詞	主格	目的格
人	who / that	that
もの	which / that	which / that

● 関係代名詞は，①前の名詞が「人」か「もの」か，②あとの文で「主語のはたらき」か「目的語のはたらき」か，で使いわける。
● 主格⇒〈名詞＋関係代名詞＋動詞 〜〉
　…後ろの動詞は説明する名詞の人称の影響を受ける
　目的格⇒〈名詞＋関係代名詞＋A（主語）＋動詞 〜〉
　…後ろの動詞はA（主語）の人称の影響を受ける

後置修飾

教 p.72〜p.82

3 名詞を修飾する文

→★★(5)(6)

〈名詞＋主語＋動詞 〜〉で「（人など）が〜する…」の意味。〈主語＋動詞 〜〉のかたまりが，名詞を後ろから説明できる。これは目的格の関係代名詞が省略されていると考えることもできる。

The country **I want to visit** is France.　　　　私が訪れたい国はフランスです。

名詞：「国」　〈主語＋動詞 〜〉：「私が訪れたい」

（＝The country **that** **I want to visit** is France.）

目的格の関係代名詞
which を使ってもよい

食事を勧める表現

教 p.81

4 「〜はいかがですか。」

→★★(7)(8)

「〜はいかがですか。」とていねいに勧めるときは，Would you like 〜? という。これに対しては，Yes, please. / No, thank you. などと答える。

Would you like egg salad on the side?

Do you want 〜? よりも
ていねいな印象を与える表現　　　たまごサラダを添えてはいかがですか。

— Yes, please. / No, thank you.

はい，お願いします。／いいえ，結構です。

Anything else?　　　ほかに何かご注文なさいますか。

— Chips, please.　　　ポテトチップスをお願いします。

・─── 疑問文の some ───・

・人に飲食物を勧めるときや，yes と答えることを期待するときは疑問文でもふつう some が使われる。

Would you like <u>some</u> coffee?
「コーヒーはいかがですか。」

☆チェック!　　　（ ）内から適する語句を選びなさい。

1

☐ (1) This is the watch (this / that) my brother wants.

これは，弟が欲しがっている腕時計です。

☐ (2) Kinkaku-ji is the temple that(likes / I like)the best.

金閣寺は，私がいちばん好きな寺です。

2

☐ (3) Kyoto is a city (which / who) many people visit.　京都は，たくさんの人が訪れる都市です。

☐ (4) He is the person (which / that) I met yesterday.　彼は，私がきのう会った人です。

3

☐ (5) This is the computer (I use / use I) every day.　これは，私が毎日使うコンピューターです。

☐ (6) The person (called / I called) last night is Yuka.　私が昨夜電話した人は，由佳です。

4

☐ (7) (Would / Will) you like some tea?　お茶はいかがですか。

☐ (8) No,(thank you / please).　いいえ，結構です。

☆チェック! の答えは次ページ ➡ 37

テスト対策問題

♪ リスニング

♪ a16

1 対話と質問を聞いて，その答えとして適するものを一つ選び，記号で答えなさい。

(1)　ア　Soccer.　　　イ　Basketball.　　　ウ　Tennis.　　　　　（　　　）

(2)　ア　The report which she wrote.　　イ　The report about learning Japanese.

　　ウ　The report written by Tom.　　　　　　　　　　　　　　　　（　　　）

2 (1)〜(6)は単語の意味を書きなさい。(7)〜(10)は日本語を英語にしなさい。

(1)　effort　　　（　　　　　）　　(2)　public　　　（　　　　　）

(3)　anywhere（　　　　　）　　(4)　honesty　（　　　　　）

(5)　death　　　（　　　　　）　　(6)　committee（　　　　　）

(7)　息子　　＿＿＿＿＿＿＿　　(8)　日付　　＿＿＿＿＿＿＿

(9)　車　　　＿＿＿＿＿＿＿　　(10)　殺す　　＿＿＿＿＿＿＿

2 重要単語

(5)形容詞は dead「死んでいる」，動詞は die「死ぬ」。

(7) daughter「娘」の対になる語。

3 次の日本文にあうように，＿＿に適する語を書きなさい。

(1)　ある日，彼女は電車に乗っていました。

　　＿＿＿＿＿＿＿ ＿＿＿＿＿＿＿, she was on a train.

(2)　その会館はすぐにいっぱいになるでしょう。

　　The hall will ＿＿＿＿＿＿＿ ＿＿＿＿＿＿＿ soon.

よく出る (3)　がんばって練習しなさい，さもないと次の試合に負けますよ。

　　＿＿＿＿＿＿＿ hard, ＿＿＿＿＿＿＿ you will lose the next game.

よく出る (4)　以前は庭に大きな木がありました。

　　There ＿＿＿＿＿＿＿ ＿＿＿＿＿＿＿ be a big tree in the garden.

(5)　だれもが生活を楽しむ権利を持っています。

　　Everyone has a ＿＿＿＿＿＿＿ ＿＿＿＿＿＿＿ enjoy their life.

3 重要表現

(3)命令文を使った表現。
(5)「〜する権利」は right to 〜で表す。

よく出る **4** 次の英文を日本語になおしなさい。

(1)　This is the bag that I bought for you.

　　（　　　　　　　　　　　　　　　　　　　　　　）

(2)　The zoo is the place that I like the best.

　　（　　　　　　　　　　　　　　　　　　　　　　）

4 関係代名詞（目的格）の that

ポイント

目的格の that
〈that＋A（主語）＋動詞〜〉「Aが〜する…」が，前の名詞を説明する。

5 関係代名詞（目的格）の which

ポイント

目的格の which
・説明する名詞が「もの」のときは which を使う。
・関係代名詞の後ろの文では目的語がなくなる。

よく出る **5** 次の2つの文を関係代名詞の which を使って1文にしなさい。

(1)　This is the book. I borrowed it yesterday.

　　＿＿＿＿＿＿＿＿＿＿＿＿＿＿＿＿＿＿＿＿＿＿＿

(2)　Look at the pictures. I took them in China.

　　＿＿＿＿＿＿＿＿＿＿＿＿＿＿＿＿＿＿＿＿＿＿＿

p.37 答　(1) that　(2) I like　(3) which　(4) that　(5) I use　(6) I called　(7) Would　(8) thank you

6 次の対話を読んで，あとの問いに答えなさい。

6 本文の理解

> *Hana:* ① [somewhere / in / there / is / interesting] Washington, D.C.?
> *Mark:* ② <u>There is a new museum that you should visit.</u> It tells lots of great stories about African-American life, history, and culture.
> *Hana:* Sounds (③).

(1) 下線部①が意味の通る英文になるように，[ ]内の語を並べかえなさい。

_____ Washington, D.C.?

(2) 下線部②を1か所区切って読む場合，どこが適切か。その直前の語を書きなさい。　_____

(3) ③の( )内に入る語を下から選び，記号で答えなさい。

ア boring　イ fascinating　ウ terrible　（　）

(1) there, is に注目して，「〜はありますか。」とたずねる疑問文にする。
(2)関係代名詞の前で区切る。
(3)「魅力的な」

7 [ ]内の語句を並べかえて，日本文にあう英文を書きなさい。

7 後置修飾

(1) これは，マイクが毎日使う自転車です。
This is the [uses / Mike / every day / bicycle].
This is the _____.

(2) 私がきのう話した人は，ブラウンさんです。
The [talked / person / I / yesterday / to] is Ms. Brown.
The _____ is Ms. Brown.

ミス注意！
「〜と話す」は talk to 〜。to の位置に注意。

8 次の対話が成り立つように，___に適する語を書きなさい。

8 ていねいに勧める表現

A: What (1)_____ you like on your *udon*?
B: Tempura and seaweed, please.
A: Would you (2)_____ some rice balls?
B: Yes, (3)_____. I'd like two.
A: Sure. (4)_____ else?
B: That's all.

おぼえよう！
・Would you like 〜? はていねいに飲食物を勧める表現。
・Yes, please. / No, thank you. などと答える。

(4)「ほかに何か」

9 ( )内の指示にしたがって次の日本文を英語に直しなさい。

9 英作文

(1) あれはトムがきのうかいた絵です。(the picture, which を使って)

_____

(2) あなたが割ったそのつぼは高価でした。(the pot, that を使って)

_____

(3) これは私が作ったケーキです。(the cake, 6語で)

_____

(1)「トムがきのうかいた」が「絵」を説明。
(2)「そのつぼ」(主語)を関係代名詞で説明。
(3)語数からどの文法を使うか考える。

テストに出る！

予想問題

Lesson 5 〜 Project 2 ❶
I Have a Dream 〜 国際交流イベントに出展しよう

⏱ 30分

/100点

1 対話と質問を聞いて，その答えとして適する絵を選び，記号で答えなさい。 ♪ a17 〔5点〕

ア　　　　　イ　　　　　ウ　　　　　エ

(　　　)

2 次の日本文にあうように，＿＿に適する語を書きなさい。　4点×5〔20点〕

よく出る (1) ネコが好きな人もいます。イヌが好きな人もいます。

＿＿＿＿＿＿＿ like cats. ＿＿＿＿＿＿＿ like dogs.

(2) その試合は3時間以上続きました。

The game ＿＿＿＿＿ for ＿＿＿＿＿ ＿＿＿＿＿ three hours.

よく出る (3) 彼らはたたかうのをやめました。

They ＿＿＿＿＿ ＿＿＿＿＿.

(4) ここに有名な彫像があります。

＿＿＿＿＿ ＿＿＿＿＿ a famous statue.

(5) 会長はすばらしい演説をしました。

The president ＿＿＿＿＿ a great ＿＿＿＿＿.

3 次の各組の文がほぼ同じ内容を表すように，＿＿に適する語を書きなさい。　4点×3〔12点〕

よく出る (1) Miku has a bag made by her grandmother.

Miku has a ＿＿＿＿＿ ＿＿＿＿＿ her grandmother ＿＿＿＿＿.

ミス注意! (2) Ms. White is a teacher who is liked by everyone.

Ms. White is a teacher ＿＿＿＿＿ ＿＿＿＿＿.

やや難 (3) This is my favorite movie.

This is the movie ＿＿＿＿＿ I ＿＿＿＿＿ the ＿＿＿＿＿.

4 次の2つの文を（　）内の語を使って1文にしなさい。　4点×3〔12点〕
よく出る
(1) Please show me the letter. Ken wrote it. （that）

＿＿＿＿＿＿＿＿＿＿＿＿＿＿＿＿＿＿＿＿＿＿＿＿

(2) The shirts are cool. You bought them in Hawaii. （which）

＿＿＿＿＿＿＿＿＿＿＿＿＿＿＿＿＿＿＿＿＿＿＿＿

(3) I like the singer. He is known all over the world. （who）

＿＿＿＿＿＿＿＿＿＿＿＿＿＿＿＿＿＿＿＿＿＿＿＿

5 次の英文を読んで，あとの問いに答えなさい。 〔21点〕

> In ①1955, there used to be ②many things black people in the United States could not do under the law. There were restrooms they could not use. There were drinking fountains they could not use. There were bus seats they could not use.
>
> These unfair laws upset many people. One of them was Martin Luther King, Jr. He heard about the (③) of Rosa Parks in Montgomery, Alabama. He said,"We cannot stand it anymore. Let's start a (④). Everyone has a (⑤) to take any seat on any bus. We shall never give up."

(1) 下線部①を英語で書きなさい。 〈4点〉

_____

(2) 下線部②の具体例として，使えなかったものを3つ，日本語で答えなさい。 〈5点〉

(   ) (   ) (   )

(3) ③〜⑤の（　）内に入る語を，〔　〕内から選び，書きなさい。 4点×3〈12点〉

〔 achievement, arrest, justice, movement, right, section 〕

③_____ ④_____ ⑤_____

6 〔　〕内の語句を並べかえて，日本文にあう英文を書きなさい。 5点×3〔15点〕

(1) あなたたちはその区画のどこにでも自由に座ることができます。

〔 free / sit / you / anywhere / are / to 〕 in the section.

_____ in the section.

(2) これはほとんどの日本人が知っている歌です。

〔 know / a song / this / Japanese / is / most 〕.

_____

(3) あなたたちが見るべき重要な映画があります。

There is 〔 should / important / see / movie / that / you / an 〕.

There is _____ .

7 次の日本文を英語になおしなさい。 5点×3〔15点〕

(1) 私が訪れたい国は，オーストラリアです。

_____

(2) 彼は，私が今までに見た最も背の高い人物です。

_____

(3) あなたのピザに何をのせましょうか。

_____

テストに出る！
予想問題

Lesson 5 ～ Project 2 ❷
I Have a Dream ～ 国際交流イベントに出展しよう

⏱ 30分

/100点

1 対話を聞いて，内容に合う絵を選び，記号で答えなさい。　　♪ a18　〔6点〕

ア　イ　ウ　エ

（　　　）

2 次の日本文にあうように，＿＿＿に適する語を書きなさい。　　4点×5〔20点〕

よく出る (1) 彼らはおたがいを理解しています。　They understand ＿＿＿＿＿＿ ＿＿＿＿＿＿.

(2) 彼の夢は生き続けています。　His dream ＿＿＿＿＿＿ ＿＿＿＿＿＿.

ミス注意! (3) 私は彼と手を取り合いました。　I joined ＿＿＿＿＿＿ ＿＿＿＿＿＿ him.

よく出る (4) この話は夏目漱石の小説がもとになっています。

This story ＿＿＿＿＿＿ ＿＿＿＿＿＿ ＿＿＿＿＿＿ the novel of Natsume Soseki.

(5) 親愛なる佐藤先生，…敬具，健より　　＿＿＿＿＿ Ms. Sato, … ＿＿＿＿＿, Ken

3 次の文の下線部の関係代名詞が省略できるものには○を，できないものには×を書きなさい。

よく出る

(1) I like the book which the author wrote.　　（　　　）　　2点×4〔8点〕

(2) He is a famous doctor who helps many sick people.　（　　　）

(3) Mary is the girl that I often play with.　　（　　　）

(4) Look at the fish which is swimming in the river.　（　　　）

4 次の文を（　）内の指示にしたがって書きかえるとき，＿＿＿に適する語を書きなさい。

ミス注意! (1) This speech was written by Jack.　（ほぼ同じ内容の文に）　　4点×3〔12点〕

This is the ＿＿＿＿＿＿ ＿＿＿＿＿＿ Jack ＿＿＿＿＿＿.

(2) If you don't leave home soon, you will miss the chance.　（ほぼ同じ内容の文に）

＿＿＿＿＿＿ home soon, ＿＿＿＿＿＿ you will miss the chance.

やや難 (3) He can swim faster.　（will を加えて）

He ＿＿＿＿＿＿ ＿＿＿＿＿＿ ＿＿＿＿＿＿ to swim faster.

5 次の英文を日本語になおしなさい。　　4点×2〔8点〕

(1) This is a song that I have never listened to.

（　　　　　　　　　　　　　　　　　　　　　　　　　）

よく出る (2) Some eat rice for breakfast. Others eat bread.

（　　　　　　　　　　　　　　　　　　　　　　　　　）

6 次の対話を読んで，あとの問いに答えなさい。　　　　　　　　　　〔16点〕

> *A:*　① 〔 you / what / on / would / like 〕 your pizza?
> *B:*　Tomato, double cheese, chicken and ② a (　　　) (　　　) of onion, please.
> *A:*　Would you like chips on the side?
> *B:*　③ No, (　　　) (　　　).
> *A:*　(④)
> *B:*　A salad, please.

(1)　下線部①が意味の通る英文になるように，〔 〕内の語を並べかえなさい。　〈4点〉

　　　　　　　　　　　　　　　　　　　　　　　　　　　　　　　　 your pizza?

(2)　下線部②が「タマネギをほんの少し」という意味になるように，（ ）に入る語を書きなさい。　〈4点〉

　　　　　　　　　　　　　　　　　　　　　　　　　　　　　　　　　　　　　　　

(3)　下線部③の（ ）に入る語を書きなさい。　　　　　　　　　　　　　〈4点〉

　　　　　　　　　　　　　　　　　　　　　　　　　　　　　　　　　　　　　　　

(4)　④の（ ）に入るものを下から選び，記号で答えなさい。　　　　　〈4点〉
　　ア　Anything else?　　イ　Here you are.　　ウ　What's up?　　　（　　　）

7 〔 〕内の語句を並べかえて，日本文にあう英文を書きなさい。　5点×4〔20点〕

(1)　彼は歌手ではなくて俳優です。
　　〔 but / an actor / a singer / is / he / not 〕.

　　　　　　　　　　　　　　　　　　　　　　　　　　　　　　　　　　　　　　　

(2)　私は，私たちに幸福をもたらしてくれる芝居をさがしています。
　　I'm looking for 〔 will / a play / us / bring / happiness / that 〕.
　　I'm looking for 　　　　　　　　　　　　　　　　　　　　　　　　.

(3)　私たちは，自分の意見を表明できるような国に住んでいます。
　　We live 〔 express / can / a nation / we / in / where 〕 our opinions.
　　We live 　　　　　　　　　　　　　　　　　　　　 our opinions.

(4)　ピカソは，彼が研究している画家です。
　　〔 painter / about / the / he / Picasso / studies / is 〕.

　　　　　　　　　　　　　　　　　　　　　　　　　　　　　　　　　　　　　　　

8 次の日本文を英語になおしなさい。　　　　　　　　　　　5点×2〔10点〕

(1)　私が最も好きな食べ物はカレー料理です。（8語で）

　　　　　　　　　　　　　　　　　　　　　　　　　　　　　　　　　　　　　　　

(2)　これは私のおばが住んでいる家です。

Imagine to Act 〜 仮定法

テストに出る！ **ココ**が**要点**&**チェック！**

仮定法

教 p.88〜p.102

1 if 〜 を使う表し方

→★(1)(2)

現在の事実とは違うことや起こりそうにないことを仮定して「もし〜であれば…だろうに」というとき，〈If＋主語＋動詞の過去形 〜，主語＋助動詞の過去形 ….〉の形で表す。

仮定　if を使った仮定：動詞の形に注意！
If I **had** wings, I **could** fly.　　もし私に翼があれば，私は飛べるだろうに。
　　　　動詞の過去形　　　助動詞の過去形　　　　　　　　　　　　　　※過去形で訳さない！

（現実：I don't have wings, so I can't fly.　私には翼がない，だから私は飛べない。）

仮定法の文の形

現実
I don't have wings,
so I can't fly.

仮定の話
If I had wings,
I could fly.

┌─ 可能性のあることを表す if ─┐
▶ **If it rains** tomorrow, I will stay home.
「もしあす雨が降れば，私は家にいます。」
同じ「もし〜ならば」という日本語訳のときでも，起こる可能性があること（＝条件）を表すときは，if のあとの動詞は現在形にする。

2 if 〜 を使わない表し方

→★(3)(4)

「（私が）〜であればいいのになあ」と，起こる可能性が（ほとんど）ない願望を述べるときは，〈I wish＋主語＋（助）動詞の過去形 〜.〉で表す。

願望　　　　　動詞の過去形
I wish I **had** wings.　　翼があればいいのになあ。
（現実：I don't have wings.　私には翼がない。）

願望　　　　　助動詞の過去形
I wish I **could** fly.　　飛べればいいのになあ。
（現実：I can't fly.　私は飛べません。）

┌─ hope＋現在形 ─┐
I hope you (will) like the present.
「贈り物を気に入ってもらえるといいのですが。」
可能性のある願望は hope を使う。hope のあとの動詞は現在形を使うことが多いが，will を使うこともある。

3 if I were you

→★(5)(6)

仮定法で「もし私があなたなら」は，if I were you という。仮定法の文では，be 動詞は主語に関係なく were を使うことが多い（会話では was も使う）。

If I **were** you, I **would** cook her dinner.　　もし私があなたなら，彼女に夕飯をつくるだろう。
仮定法では were を　　　「〜だろうに」
使うことが多い

重要表現

教 p.92〜p.99

4 重要な表現を覚えよう。

➡ チェック (7)〜(11)

I learned **how to** cook delicious curry.
　　　　　└how to 〜(〜する方法)
私はおいしいカレー料理の作り方を学びました。

My mother has been to France **in order to** study art.
　　　　　　　　　　　　　└in order to 〜(〜するために)
母は芸術を勉強するためにフランスに行ったことがあります。

As soon as the dog saw me, it started to run.
　　└as soon as 〜(〜するとすぐ)
そのイヌは私を見るとすぐ走り出しました。

What shall we do for Mr. White?
　　　　└議論を進める(何を〜しましょうか)
ホワイト先生のために何をしましょうか。

— I have an idea. **How about** having a party?
　　議論に参加する　　　└提案する(〜はどうですか)
考えがあります。
パーティーを開くのはどうですか。

What do you think about his idea?
　　　　　　└意見を求める(〜についてどう思いますか)
彼の考えについてどう思いますか。

— **I agree, but** where do we have a party?
　　└議論を深める(賛成です，しかし〜)
賛成ですが，どこでパーティーを開くのですか。

☆チェック!　( )内から適する語句を選びなさい。

1

☐ (1) If I (know / knew) her phone number, I (can / could) call her.
　　　もし私が彼女の電話番号を知っていれば，彼女に電話をかけられるのに。

☐ (2) What (will / would) you do if you (have / had) a million dollars?
　　　もし100万ドル持っているとすれば，あなたは何をしますか。

2

☐ (3) I (hope / wish) I had enough time.　十分に時間があればいいのになあ。

☐ (4) I wish I (can / could) speak Spanish.　スペイン語が話せればいいのになあ。

3

☐ (5) If I (am / were) you, I would not do so.　もし私があなたならば，そうしないだろうに。

☐ (6) If she (is / were) not busy, she could come to the party.
　　　もし彼女が忙しくなければ，パーティーに来ることができるのに。

4

☐ (7) Do you know (how to / how can) make cheese?　あなたはチーズの作り方を知っていますか。

☐ (8) As (early / soon) as my sister got home, she started crying.
　　　私の妹[姉]は家に帰ってくるとすぐ泣き始めました。

☐ (9) I read this book (in / for) order to study Chinese.
　　　私は中国語を学ぶためにこの本を読みます。

☐ (10) What (may / shall) we do for George?　ジョージのために何をしましょうか。

　　— (How / Why) about making a cake for him?　彼のためにケーキを作るのはどうですか。

☐ (11) (What / How) do you think about her idea?　彼女の考えについてどう思いますか。

　　— I don't (agree / think) because he doesn't like sweets.
　　　賛成しません，なぜなら彼は甘いものが好きではないからです。

☆チェック! の答えは次ページ ➡

テスト対策問題

テスト対策ナビ

リスニング ♪ a19

1 英文と質問を聞いて，その答えとして適するものを選び，記号で答えなさい。

(1) ア　He would buy a new bicycle.　　イ　He would travel around Japan.
　　ウ　He would learn how to ride a bicycle.　　　　　　　　（　　）

(2) ア　Mika can run as fast as Yuki.　　イ　Mika can run faster than Yuki.
　　ウ　Mika can't run as fast as Yuki.　　　　　　　　　　（　　）

---

2 (1)〜(6)は単語の意味を書きなさい。(7)〜(10)は日本語を英語にしなさい。

(1) imagine　（　　　　　）　(2) truth　（　　　　　　）

(3) gradually（　　　　　）　(4) modern　（　　　　　　）

(5) personal （　　　　　）　(6) reach　（　　　　　　）

(7) 発明　＿＿＿＿＿＿＿　(8) 汚染　＿＿＿＿＿＿＿

(9) 人間（の）＿＿＿＿＿＿　(10) 時代　＿＿＿＿＿＿＿

2 重要単語

(2) true「本当の」の名詞形。

(7) invent「発明する」，inventor「発明家」

---

3 次の日本文にあうように，＿＿に適する語を書きなさい。

(1) 彼はいつも不平ばかり言います。
　　He complains ＿＿＿＿＿＿ the ＿＿＿＿＿＿.

(2) あなたは確実に試験に通るでしょう。
　　You will pass the exam ＿＿＿＿＿＿ ＿＿＿＿＿＿.

(3) この仕事は私が自分でやらなければなりません。
　　I have to do this work ＿＿＿＿＿＿.

(4) つぼは粉々に割れました。
　　The pot broke ＿＿＿＿＿＿.

(5) 私たちはその機械が動かないとわかりました。
　　We found ＿＿＿＿＿ that the machine did not work.

(6) 何度も同じことを言わないでください。
　　Don't say the same thing ＿＿＿＿＿ and ＿＿＿＿＿ again.

3 重要表現

ミス注意！

(3) by 〜self「自分自身で」
〜self の「〜」には，my や your など主語をさす代名詞が入る。

---

4 次の英文を仮定法に書きかえるとき，＿＿に適する語を書きなさい。

(1) I can't carry these balls because I don't have a large box.
　　If I ＿＿＿＿＿ a large box, I ＿＿＿＿＿ carry these balls.

(2) I won't call him because I don't know his phone number.
　　If I ＿＿＿＿＿ his phone number, I ＿＿＿＿＿ call him.

(3) I don't have time, so I can't go together.
　　＿＿＿＿＿ I ＿＿＿＿＿ time, I ＿＿＿＿＿ go together.

4 もし〜ならば

ポイント

仮定法〈if＋主語＋動詞の過去形 〜，主語＋助動詞の過去形 ....〉
→「もし〜であれば…だろうに」と，現在の事実とは違うことをいうときに使う表現。

---

p.45 答　(1) knew, could　(2) would, had　(3) wish　(4) could　(5) were　(6) were　(7) how to　(8) soon
(9) in　(10) shall, How　(11) What, agree

5 次の対話を読んで，あとの問いに答えなさい。

> *Kate:* Cool. ① 〔 what / you / would / do / if 〕 you had one?
>
> *Riku:* If I had a time machine, I would go to the ②past. I want （ ③ ） the dinosaurs.

よく出る (1) 下線部①が意味の通る英文になるように，〔 〕内の語を並べかえなさい。

_____ you had one?

(2) 下線部②の単語の反対の意味の語を書きなさい。 _____

(3) ③の（ ）内に入るものを，下から選び記号で答えなさい。

　　ア see　　イ seeing　　ウ to see　　　　　　（　　）

よく出る **6** 〔 〕内の語句を並べかえて，日本文にあう英文を書きなさい。

(1) ロボットがあればなあ。〔 had / I / I / a robot / wish 〕.

_____

(2) 魔法が使えればなあ。〔 wish / could / I / I / use / magic 〕.

_____

magic：魔法

よく出る **7** 次の英文の間違いを訂正して全文を書きなさい。

If I am you, I would not do that.

_____

8 次の対話が成り立つように，___に適する語を書きなさい。

> *Yuka:* Mike is going back to the U.K. next week.
>
> 　　　　What (1) _____ we do for him?
>
> *Ben:* I have an idea. (2) _____ about camping?
>
> **ミス注意!** *Yuka:* (3) _____ do you think about it, Mary?
>
> *Mary:* I (4) _____ because he likes camping very much.
>
> *Yuka:* OK. We will go camping before he leaves Japan.

よく出る **9** 次の日本文を（ ）内の語句を使って，英語になおしなさい。

(1) 彼が来たらすぐに，あなたに電話します。（as soon as）

_____

(2) 私は始発電車に乗るために早起きしました。（in order to）

_____

(3) 魚のつかまえ方を教えてください。（how to）

_____

---

5 本文の理解

(1)仮定を表すif以下が後ろに置かれている。

(2)past「過去」

(3)want の目的語。

6 ～であればいいのになあ。

ポイント

I wish ～.「～であればいいのになあ。」実現しそうにない願望を表す表現。

7 もし私が～ならば

おぼえよう！

仮定法では，主語に関係なくbe動詞の過去形としてwereを使うことが多い。

8 議論を進める表現など

(1)「何を～しましょうか。」

(2)「～はどうですか。」

(3)「～についてどう思いますか。」

(4)「～なので賛成です。」

9 英作文

(1)「～するとすぐに」
　as soon as ～

(2)「～するために」
　in order to ～

(3)「～する方法」
　how to ～

テストに出る！

予想問題

Lesson 6 〜 文法のまとめ⑤
Imagine to Act 〜 仮定法

⏱ 30分

/100点

1 対話と質問を聞いて，内容に合う絵を選び，記号で答えなさい。 ♪ a20 〔7点〕

ア　イ　ウ　エ

(　　　)

2 次の日本文にあうように，＿＿＿に適する語を書きなさい。 4点×6〔24点〕

(1) だれも未来はわかりません。

＿＿＿＿＿＿ ＿＿＿＿＿＿ the future.

(2) 真実を話すことをためらってはいけません。

Don't ＿＿＿＿＿＿ ＿＿＿＿＿＿ tell the truth.

(3) 彼はいつ出発しましたか。

When did he start ＿＿＿＿＿＿ ?

(4) 私たちは大気汚染を減らそうとしています。

We try to reduce ＿＿＿＿＿＿ ＿＿＿＿＿＿.

(5) 私はあなたといっしょに働くことをとても誇りに思っています。

＿＿＿＿＿＿ very ＿＿＿＿＿＿ ＿＿＿＿＿＿ I work with you.

(6) だれがその解決策を思いついたのですか。

Who came ＿＿＿＿＿＿ ＿＿＿＿＿＿ the solution?

3 〔　〕内の語句を並べかえて，日本文にあう英文を書きなさい。 5点×4〔20点〕

(1) もし 100 万ドル持っていれば，あなたは何をしますか。

〔 you / you / had / if / what / would / do 〕 one million dollars?

＿＿＿＿＿＿＿＿＿＿＿＿＿＿＿＿＿ one million dollars?

(2) 私が駅に着くとすぐに，雨が降り始めました。

〔 to / as / as / the station / I / soon / got 〕, it started raining.

＿＿＿＿＿＿＿＿＿＿＿＿＿＿＿＿, it started raining.

(3) 彼らには人権のために戦う勇気があります。

They 〔 for / human / to / the courage / have / fight 〕 rights.

They ＿＿＿＿＿＿＿＿＿＿＿＿＿＿＿ rights.

(4) 絶滅寸前の動物を救う方法を私に教えてください。

〔 animals / me / how / tell / endangered / save / please / to 〕.

＿＿＿＿＿＿＿＿＿＿＿＿＿＿＿＿＿＿＿

4 次の英文を読んで，あとの問いに答えなさい。 〔24点〕

For centuries the dream of ①(travel) by air interested inventors, like Leonardo da Vinci. He thought, "②I [fly / I / like / wish / could] a bird." He and others studied birds. They watched feathers in the wind. Gradually they learned some of the (③) of flight.

The earliest aircraft were (④). One inventor tied an umbrella and wings to a chair. Another made a duck-like machine. People made (⑤) of them. However, the inventors used their imaginations in quite unexpected ways. They ⑥(lead) to the invention of the modern airplane. You need a mind full of ideas ⑦( ) ( ) ( ) create something new.

(1) ①⑥の( )内の動詞を適切な形になおしなさい。 3点×2〈6点〉

① _____ ⑥ _____

(2) 下線部②が意味の通る英文になるように，〔 〕内の語を並べかえなさい。 〈5点〉

I _____ a bird.

(3) ③〜⑤の( )に入る語を下から選び，記号で答えなさい。 3点×3〈9点〉

③ ア answers　　イ results　　ウ secrets （ 　 ）

④ ア famous　　イ ridiculous　　ウ serious （ 　 ）

⑤ ア care　　イ fun　　ウ top （ 　 ）

(4) 下線部⑦が「何か新しいものを創造するために」という意味になるように，（ ）に入る語を書きなさい。 〈4点〉

_____ _____ _____

5 次の英文を日本語になおしなさい。 5点×2〔10点〕

(1) If I were not busy, I would go shopping with you.

(）

(2) It is better to do nothing than to do that.

(）

6 次の日本文を英語になおしなさい。 5点×3〔15点〕

(1) 私の意見についてあなたはどう思いますか。

_____

(2) もっと上手に英語が話せればいいのになあ。

_____

(3) もし私があなたなら，私は彼女にバースデーカードを書くだろう。

_____

Lesson 7 〜 Project 3

For Our Future 〜 ディスカッションをしよう

テストに出る！ ココが要点＆チェック！

間接疑問

教 p.104〜p.117

1 間接疑問（why など）

➡ ★(1)〜(3)

why や where，who などの疑問詞が文の中に入ると，語順が〈疑問詞＋主語＋動詞〉の順になる。この形を間接疑問という。間接疑問は，**動詞の目的語にすることができる。**

動詞 主語
Why is Miki sad?

間接疑問 I don't know why Miki is sad.
　　　　　　　　　　疑問詞 〈主語＋動詞〉

私は，美紀がなぜ悲しいのかわかりません。

疑問詞
what（何）
when（いつ）
where（どこに[へ，で]）
which（どちらの，どの）
who（だれ）
why（なぜ）
how（どうやって）
how long 〜（どれくらい長く〜）
how many 〜（いくつの〜）
how much 〜（いくら，どれだけ）
　　　　　　　　　　　　　　など

その他の疑問詞を用いた間接疑問

Do you know where he went yesterday?
　　　　　　　　疑問詞 〈主語＋動詞〉

あなたは彼がきのうどこに行ったのか知っていますか。

Please tell me who that girl is.　　あの女の子がだれなのか私に教えてください。
　　　　　　疑問詞 〈主語＋動詞〉

I'll tell you when Jim will come home.　私はあなたにジムがいつ帰宅するか教えましょう。
　　　　　　　疑問詞 主語 助動詞 動詞
　　　⇒助動詞がある場合は，〈疑問詞＋主語＋助動詞＋動詞〉の語順になる

Do you know how many students are in this room?　あなたはこの部屋に何人の生徒がいるかわかりますか。
　　　　　　　　疑問詞＝主語　　　　　動詞
　　　⇒疑問詞が主語となっている場合は，〈疑問詞＋動詞〉の語順になる

〈help＋A＋動詞の原形〉

教 p.106〜p.116

2 「A（人など）が〜するのを手伝う」

➡ ★(4)

「A（人など）が〜するのを手伝う」というときは，〈help＋A＋動詞の原形〉で表す。〈help＋A＋to＋動詞の原形〉の形でも同じ意味。

Miki helped me cook lunch.　　　美紀は私が昼食を作るのを手伝ってくれました。
　　　　　　　　動詞の原形

＝Miki helped me to cook lunch.
　　　　　　　　　　〈to＋動詞の原形〉

〈動詞＋A＋to 〜〉

教 p.114〜p.117

3 want＋A＋to 〜 「A（人）に〜してもらいたい」 ➡★エジプラ(5)(6)

「A（人）に〜してもらいたい」というときは，〈want＋A＋to＋動詞の原形〉で表す。tell, ask, order も〈動詞＋A＋to 〜〉の形をとることができる。

want＋A＋to 〜　I **want** you to decorate the room.　私はあなたに部屋の飾りつけをしてもらいたいです。
└〈to＋動詞の原形〉
⇒〈to＋動詞の原形〉の主語にあたるのは「A」（「部屋の飾りつけをする」）のは「あなた」

want to 〜　I want to decorate the room.　私は部屋の飾りつけをしたいです。
⇒〈to＋動詞の原形〉の主語にあたるのは文の主語（「部屋の飾りつけをする」のは「私」）

tell＋A＋to 〜　I will **tell** him to come here.
└〈to＋動詞の原形〉

私は彼にここに来るように言います。

ask＋A＋to 〜　She **asked** Ann to open the door.
└〈to＋動詞の原形〉

彼女はアンにドアを開けるように頼みました。

order＋A＋to 〜　Mr. Smith **ordered** me to clean the gym.　スミス先生は私に体育館をそうじするように命じました。
└〈to＋動詞の原形〉

> **・〈動詞＋A＋to 〜〉**
> 〈tell＋人＋to 〜〉
> 「A に〜するように言う」
> 〈ask＋人＋to 〜〉
> 「A に〜するように頼む」
> 〈order＋人＋to 〜〉
> 「A に〜するように命じる」

not only 〜

教 p.110

4 「〜だけでなく」 ➡★エジプラ(7)

「〜だけでなく」というときは，not only 〜 で表す。

Not only my brother, my sister likes volleyball.　私の兄[弟]だけでなく，姉[妹]もバレーボールが好きです。

☆チェック！　（　）内から適する語句を選びなさい。

1
☐ (1) I don't know (where / why) Jim is from.　私はジムがどこの出身か知りません。
☐ (2) Please tell me (when / who) was there.　私にそこにだれがいたのか教えてください。
☐ (3) I can't imagine (how / how many) people are invited to the party.
私はそのパーティーに何人招待されているのか想像できません。

2
☐ (4) We will (save / help) Daisuke do his homework.
私たちは大介が宿題をするのを手伝うつもりです。

3
☐ (5) Do you (hope / want) me to go with you?　あなたは私にあなたと行ってもらいたいですか。
☐ (6) I didn't (tell / want) him to wear a cap.　私は彼に帽子をかぶるように言いませんでした。

4 ☐ (7) (Not / But) only you, I love this song.　あなただけでなく，私もこの歌が大好きです。

☆チェック！ の答えは次ページ➡

テスト対策問題

テスト対策 ナビ

♪ a21

リスニング

1 ア〜ウの英文を聞いて，絵の内容に合っているものを選び，記号で答えなさい。

(1)
(   )

(2)
(   )

2 (1)〜(6)は単語の意味を書きなさい。(7)〜(10)は日本語を英語にしなさい。

(1) within　　（　　　　　）
(2) foreigner （　　　　　）
(3) satisfied （　　　　　）
(4) researcher（　　　　　）
(5) patient　 （　　　　　）
(6) decision　（　　　　　）
(7) 返答　　_____
(8) 参照する　_____
(9) 明確に　_____
(10) (店の)客　_____

2 重要単語
-er で終わる語には，人を表すものが多い。

3 次の日本文にあうように，____に適する語を書きなさい。

(1) 浩介と誠は連絡を取り合うつもりです。
Kosuke and Makoto will _____ in _____.

(2) 私はいつも早く起きますが，日曜日は例外です。
I usually get up early, but Sunday is an _____.

(3) 私は，家を出る準備はできています。
I'm _____ _____ leave home.

(4) 弘は私のことばを理解しませんでした。
Hiroshi didn't _____ _____ my words.

(5) この本は環境問題を取り扱っています。
This book _____ _____ environmental problems.

3 重要表現
(1) keep「保つ」を使って表す。

(3)「〜する準備ができた」は ready を使う。

ポイント
be ready to のあとには動詞の原形が続く。

4 次の文の（　）内から適するほうを選び，〇で囲みなさい。

(1) We don't know where (is Mary / Mary is) now.

(2) Please tell me what time (the movie starts / does the movie start).

(3) Let's ask him which subject (does he like / he likes) the best.

(4) Do you know (who used / who did use) this computer?

(5) We didn't know (how many people there were / how many people were there) in the park.

4 間接疑問
〈疑問詞＋主語＋動詞〉の語順に注意。

ミス注意！
(4)疑問詞が主語になっている場合，〈疑問詞＋動詞〉の語順になる。

5 陸とケイトが，中学校の思い出について話しています。次の対話文を読んで，あとの問いに答えなさい。

> *Kate:* ①To (　　　) the (　　　), it was difficult at first. I couldn't figure out
> ②[were / what / saying / people].
> *Riku:* You put a lot of effort into ③(study). Now you're a good Japanese speaker.

(1) 下線部①が「本当は」という意味になるように，(　)に適する語を書きなさい。　To ＿＿＿＿＿＿ the ＿＿＿＿＿＿，

(2) 下線部②の[ ]内の語を並べかえて，意味の通る英文にしなさい。

＿＿＿＿＿＿＿＿＿＿＿＿＿＿＿＿＿＿＿＿

(3) ③の(　)内の語を正しい形になおして書きなさい。

＿＿＿＿＿＿＿＿＿＿

6 [ ]内の語句を並べかえて，日本文に合う英文を書きなさい。
私は彼が車を洗うのを手伝いました。
[wash / I / his car / helped / him].

＿＿＿＿＿＿＿＿＿＿＿＿＿＿＿＿＿＿＿＿

7 次の文を(　)内の指示にしたがって書きかえるとき，＿＿に適する語を書きなさい。

(1) I want to clean their rooms.
（「彼らにそうじしてもらいたい」という文に）
I want ＿＿＿＿＿ ＿＿＿＿＿ ＿＿＿＿＿ their rooms.

(2) They have to go home by 5:00. Did you tell them about that? （ほぼ同じ意味を表す1文に）
Did you ＿＿＿＿＿ them ＿＿＿＿＿ go home by 5:00?

(3) I said to my mother, "Will you buy me a bag?"
（ほぼ同じ意味を表す文に）
I asked my mother ＿＿＿＿＿ ＿＿＿＿＿ me a bag.

8 次の対話の意味が通るように，＿＿に適する語を書きなさい。
A: Mariko speaks English very well!
B: Yes. She can speak Spanish ＿＿＿＿ ＿＿＿＿ English.

9 次の日本文を英語になおしなさい。

(1) 父は，私がこの手紙を書くのを手伝ってくれました。　（7語）

＿＿＿＿＿＿＿＿＿＿＿＿＿＿＿＿＿＿＿＿

(2) あなたはなぜジム(Jim)が日本語を話せるのか知っていますか。

＿＿＿＿＿＿＿＿＿＿＿＿＿＿＿＿＿＿＿＿

---

5 本文の理解

(1)「真実を言うと」

(2)疑問文が文の中に入る間接疑問。

(3)直前に前置詞があることから考える。

6 〈help＋A＋動詞の原形〉

ミス注意！
Aのあとには動詞の原形。

7 〈動詞＋A＋to 〜〉

おぼえよう！
〈want＋人＋to 〜〉
「Aに〜してもらいたい」
〈tell＋人＋to 〜〉
「Aに〜するように言う」
〈ask＋人＋to 〜〉
「Aに〜するように頼む」

8 対話文完成
「〜だけでなく」

9 英作文
(1)手紙を書くのは「私」。

(2)canを含む間接疑問。

53

テストに出る！

予想問題

Lesson 7 〜 Project 3
For Our Future 〜 ディスカッションをしよう

30分

/100点

🎵 **1** 対話を聞いて，内容に合う絵を選び，記号で答えなさい。　　♪ a22　〔4点〕

（　　　）

🎵 **2** 英文と質問を聞いて，その答えとして適するものを選び，記号で答えなさい。　♪ a23

ア　Amy's uncle.　　　イ　Jack.　　　〔4点〕

ウ　Amy.　　　　　　　エ　Tom.　　　（　　　）

3 日本文に合うように，（　）内から適する語句を選びなさい。　　4点×5〔20点〕

(1) 私はそのお祭りがいつあるのか思い出せません。

I can't remember (where / when) the festival is.

(2) あなたは，なぜジムはウサギが好きではないのか知っていますか。

Do you know (how / why) Jim doesn't like rabbits?

(3) 私は父に私を手伝ってくれるように頼んだことはありません。

I have never asked my father (to help / help) me.

(4) お母さんが夕食を作るのを手伝いましょう。

Let's help our mother (cooking / cook) dinner.

(5) 私はこの本がいくらなのか知りません。

I don't know (how many / how much) this book is.

4 次の日本文にあうように，＿＿に適する語を書きなさい。　　4点×5〔20点〕

(1) あなたはこれまでより熱心に勉強しなければなりません。

You have to study harder ＿＿＿＿＿＿ ever ＿＿＿＿＿＿.

(2) このコンピューターはあれらの古いものとは違っています。

This computer is ＿＿＿＿＿＿ ＿＿＿＿＿＿ those old ones.

(3) 私の考えはこのウェブサイトを参照しています。

My idea ＿＿＿＿＿＿ ＿＿＿＿＿＿ this website.

(4) 最近，私は音楽に興味があります。

＿＿＿＿＿＿ ＿＿＿＿＿＿, I'm interested in music.

(5) このロボットは，英語だけでなくドイツ語も理解します。

＿＿＿＿＿＿ ＿＿＿＿＿＿ English, this robot understands German.

5 ある旅館経営者について英語で書かれた記事を読んで，あとの問いに答えなさい。〔22点〕

> I own ①a *ryokan*, a Japanese-style inn. When Wakaba City appeared in a popular anime, foreign tourists started ②(come). I made English brochures for ③ them.
>
> My inn was popular ④at ( ), but gradually fewer foreigners came. I didn't know ⑤ why. I used English to interview my foreign guests. ⑥〔 me / see / helped / the matter / their responses 〕 more clearly.

(1) 下線部①を，本文中の英語3語で説明しなさい。〈3点〉

(2) ②の（ ）内の語を適する形(1語)になおしなさい。〈3点〉

(3) 下線部③がさすものを本文中の2語で書きなさい。〈4点〉

(4) 下線部④が「最初は」という意味になるように，（ ）に適する語を書きなさい。〈4点〉

(5) 下線部⑤の内容を日本語で具体的に説明しなさい。〈4点〉
  （ ）

(6) 下線部⑥の〔 〕内の語句を並べかえて，意味の通る英文にしなさい。〈4点〉
  _____ more clearly.

6 〔 〕内の語句を並べかえて，日本文にあう英文を書きなさい。 5点×2〔10点〕

(1) 私はメアリーに私の家に滞在するように言いました。
  〔 at / I / to / my house / stay / Mary / told 〕.

(2) あすは何時に起きるつもりか教えてください。
  〔 tell / what / me / please / you / get up / will / tomorrow / time 〕.

7 次の日本文を英語になおしなさい。 5点×4〔20点〕

(1) 私は息子に教師になってもらいたいです。

(2) 私はこれが何を意味するのか理解できません。

(3) ジャック(Jack)は，私が報告書(a report)を書くのを手伝ってくれました。 （6語）

(4) あなたは，トム(Tom)がどの季節がいちばん好きか知っていますか。

A Present for You

テストに出る！ ココが要点＆チェック！

〈let＋A＋動詞の原形〉
教 p.123

1 「A（人など）に〜させる」 ➡★(1)

「A（人など）に〜させる」というときは〈let＋A＋動詞の原形〉で表す。

I will **let** my daughter **study** abroad. 　　　私は娘に留学させるつもりです。

study abroad の意味上の主語

前置修飾（復習）
教 p.124

2 動詞の -ing 形や過去分詞を使った前置修飾 ➡★(2)(3)

動詞の –ing 形や過去分詞が１語だけで名詞を修飾する場合，その名詞の前に置く。

動詞の -ing 形＋名詞　Do you know that **swimming** boy? 　あなたはあの泳いでいる男の子を知っていますか。

過去分詞＋名詞　This is a **cooked** fish. 　　　これは料理された魚です。

付加疑問文（復習）
教 p.125

3 「〜ですね」 ➡★(4)(5)

「〜ですね」と質問したり確認したりするときは付加疑問文で表す。, aren't you? / , isn't it? / , doesn't she? / , didn't they? などが文末につく。

Mr. Smith likes Japan. 　　　スミス先生は日本が好きです。

付加疑問文　Mr. Smith likes Japan, **doesn't he**? 　スミス先生は日本が好きですよね。

否定の短縮形　　　主語をさす

☆チェック！ （ ）内から適する語を選びなさい。

1 □ (1) Please (help / let) me go to the park. 　私に公園に行かせてください。

2 □ (2) Look at that (closed / closing) window. 　あの閉まった窓を見なさい。

□ (3) Who is that (singing / sung) girl? 　あの歌っている女の子はだれですか。

3 □ (4) You are from India, (aren't / don't) you? 　あなたはインド出身ですよね。

□ (5) Your son likes soccer, (isn't / doesn't) he? 　あなたの息子さんはサッカーが好きですよね。

☆チェック！ の答えは次ページ ➡

テスト対策問題

テスト対策☀ナビ

♪ リスニング

♪ a24

1 対話の内容と合っていれば○を，合っていなければ×を書きなさい。

(1)  (　　　)

(2)  (　　　)

2 (1)，(2)は単語の意味を書きなさい。(3)，(4)は日本語を英語にしなさい。

(1) wife （　　　　　　） (2) husband （　　　　　　）

(3) 受け入れる ＿＿＿＿＿ (4) 結婚する ＿＿＿＿＿

2 重要単語

(1)と(2)のように対になる語はセットで覚える。

3 次の日本文にあうように，＿＿に適する語を書きなさい。

(1) 私はしばらくあなたに会えません。

I won't be able to see you ＿＿＿＿＿ a ＿＿＿＿＿.

♪よく出る (2) エイミーは「おなかが空いた」とひとりごとを言いました。

Amy said ＿＿＿＿＿ ＿＿＿＿＿, "I'm hungry."

3 重要表現

ポイント

～self の「～」には，主語をさす語の代名詞が入る。

4 次の文を付加疑問文に書きかえるとき，＿＿に適する語を書きなさい。

(1) Your sister can play volleyball well.

Your sister can play volleyball well, ＿＿＿＿＿ ＿＿＿＿＿?

(2) They had a blue car.

They had a blue car, ＿＿＿＿＿ ＿＿＿＿＿?

4 付加疑問文

付加疑問文は，文の動詞[助動詞]の否定の短縮形と主語を文末に置く。

♪ミス注意! **5** 〔　〕内の語句を並べかえて，日本文にあう英文を書きなさい。

(1) あれらの勉強している生徒たちは私の友達です。

〔 students / studying / my friends / those / are 〕.

＿＿＿＿＿＿＿＿＿＿＿＿＿＿＿＿＿

(2) 机の上に開けられた箱があります。

〔 opened / there / the desk / box / an / on / is 〕.

＿＿＿＿＿＿＿＿＿＿＿＿＿＿＿＿＿

5 前置修飾

ミス注意!

動詞の -ing 形や過去分詞が1語だけで名詞を修飾するときは，名詞の後ろではなく，前に置く。

6 次の日本文を英語になおしなさい。

母はあす，私を買い物に行かせてくれるでしょう。

＿＿＿＿＿＿＿＿＿＿＿＿＿＿＿＿＿

6 〈let＋A＋動詞の原形〉

動詞の原形を使うことに注意。

Reading for Fun 2
A Present for You

⏱ 30分　　/100点

1 対話のあとに2つの質問が流れます。質問を聞いて，その答えとして適するものをそれぞれ選び，記号で答えなさい。　　♪ a25　4点×2〔8点〕

(1) ア　Because they are from the same country.
　　イ　Because she has heard about Ratna from Kenji.
　　ウ　Because they have been friends for a long time.
　　エ　Because she has talked with Ratna before.　　（　　　）

(2) ア　She will ask Ratna to introduce Tom to her.
　　イ　She will let him introduce her to Ratna.
　　ウ　She will ask him where Ratna is from.
　　エ　She will help Ratna introduce her to Tom.　　（　　　）

2 次の文を（　）内の指示にしたがって書きかえるとき，＿＿に適する語を書きなさい。

(1) I like that boy.（下線部を「あの走っている男の子」という意味に）　4点×4〔16点〕
　I like that ＿＿＿＿＿ ＿＿＿＿＿.

(2) Ms. Smith will talk in English.（「私たちに英語で話させる」という意味に）
　Ms. Smith will ＿＿＿＿＿ ＿＿＿＿＿ talk in English.

(3) Your grandmother was a teacher.（付加疑問文に）
　Your grandmother was a teacher, ＿＿＿＿＿ ＿＿＿＿＿?

(4) Is this T-shirt yours?（下線部を「この洗濯されたTシャツ」という意味に）
　Is this ＿＿＿＿＿ ＿＿＿＿＿ yours?

3 次の日本文にあうように，＿＿に適する語を書きなさい。　4点×6〔24点〕

(1) 私は母にひとそろいのカップをあげました。
　I gave my mother a ＿＿＿＿＿ ＿＿＿＿＿ cups.

(2) トムは門のそばで雪をコートから払い落としました。
　Tom ＿＿＿＿＿ snow ＿＿＿＿＿ his coat by the gate.

(3) エミリーは昨夜，髪を切ってもらいました。
　Emily had her hair ＿＿＿＿＿ ＿＿＿＿＿ last night.

(4) ジェニーはドアのところまで行きました。
　Jenny ＿＿＿＿＿ ＿＿＿＿＿ ＿＿＿＿＿ the door.

(5) あなたはいつ帰ってきましたか。
　When did you ＿＿＿＿＿ ＿＿＿＿＿?

(6) リサはポケットから鍵を取り出しました。
　Lisa ＿＿＿＿＿ ＿＿＿＿＿ a key from the pocket.

4 デラ(Della)は夫のジム(Jim)のために，髪を売って時計の鎖(くさり)を買いました。ジムが帰宅
し，短くなったデラの髪を見て驚きます。次の英文を読んで，あとの問いに答えなさい。〔22点〕

> They were both silent ① for (　　　) (　　　). At last Della looked up, smiled, and
> said, "My hair grows very fast." ② She took out [shining / that / the watch chain /
> was] beautifully. She showed it to him and said, "③ You like it, (　　　) (　　　)?
> You'll have to look at the time a hundred times a day now."
> "Della, my dear wife," said Jim. "I ④(sell) my watch to buy your combs."
> He ⑤(sit) down on a chair and smiled at her.

(1) 下線部①が「しばらく」という意味になるように，(　)に適する語を書きなさい。〈4点〉

_____　_____

(2) 下線部②の[ ]内の語句を並べかえて，意味の通る英文にしなさい。〈5点〉

She took out _____ beautifully.

(3) 下線部③が「あなたはそれが好きですよね。」という意味になるように，(　)に適する
語を書きなさい。〈5点〉

_____　_____

(4) ④，⑤の(　)内の語を正しい形になおして書きなさい。〈4点×2〉

④ _____　　⑤ _____

5 [ ]内の語句を並べかえて，日本文にあう英文を書きなさい。ただし，不足している1語
を補うこと。　5点×3〔15点〕

(1) スミス先生は私たちに体育館を使わせてくれるでしょう。

[us / will / the gym / use / Mr. Smith].

_____

(2) この部屋にはたくさんの招待客がいました。

[many / there / this room / invited / in / guests].

_____

(3) 百合はケアンズに住んでいましたね。　[in / she / lived / Cairns / Yuri / ,]?

_____

6 次のようなとき，英語でどのようにいうか書きなさい。　5点×3〔15点〕

(1) ブライアン(Brian)はギターを弾けますよねと確認するとき。

_____

(2) ジョーンズ先生(Ms. Jones)は，あなたたちにピアノを練習させてくれるだろうという
とき。

_____

(3) あの料理をしている男性は自分のおじだというとき。

_____

59

Learning from Nature

テストに出る！ **ココ**が**要点**&**チェック！**

関係代名詞（復習）

教 p.126〜p.128

1 主格の関係代名詞（復習）

➡★ (1)〜(3)

接続詞と主語のはたらきをする主格の関係代名詞には who, which, that がある。修飾する名詞が人かそれ以外かによって使いわける。

修飾される名詞が人 That boy who[that] has blue eyes is Jim.

人を表す名詞　主語　動詞

あの青い目の男の子はジムです。

修飾される名詞が人以外 Can you see that house which[that] stands over there?

人以外を表す名詞　主語　動詞

あなたはあそこに立っているあの家が見えますか。

2 目的格の関係代名詞（復習）

➡★ (4)(5)

接続詞と目的語のはたらきをする目的格の関係代名詞には which と that がある。修飾する名詞が人かそれ以外かによって使いわける。目的格の関係代名詞は**省略することができる**。

修飾される名詞が人 Mary is the girl (that) you saw at the station.

人を表す名詞　省略できる

メアリーはあなたが駅で会った女の子です。

修飾される名詞が人以外 This is the book (which[that]) I have wanted for a long time.

人以外を表す名詞　省略できる

これは私が長い間ほしいと思っていた本です。

• 関係代名詞の使いわけ •

修飾される名詞	主格の関係代名詞	目的格の関係代名詞
人	who / that	that
人以外	which / that	which / that

※目的格の関係代名詞は省略できる。

★チェック！ （　）内から適する語を選びなさい。

□ (1) Is there a student (which / who) can play the guitar?

ギターを弾ける生徒はいますか。

1 □ (2) I want to see the movie (which / who) is popular in America.

私はアメリカで人気のあるその映画を見たいです。

□ (3) That girl (that / which) has long hair is Jenny. あの長い髪の女の子はジェニーです。

□ (4) India is the country (which / who) I want to visit.

インドは私が訪れたいと思っている国です。

2 □ (5) He is the singer (that / which) I like the best. 彼は私がいちばん好きな歌手です。

★チェック！ の答えは次ページ ⤵

テスト対策問題

テスト対策☆ナビ

♪ リスニング

♪ a26

1 ア〜ウの英文を聞いて，絵の内容に合っているものを一つ選び，記号で答えなさい。

(1) 　（　　　）

(2) 　（　　　）

2 (1)〜(4)は単語の意味を書きなさい。(5)，(6)は日本語を英語にしなさい。

(1) specific （　　　　　）　(2) ahead （　　　　　）

(3) develop （　　　　　）　(4) method （　　　　　）

(5) 圧力　＿＿＿＿＿＿＿　(6) もたらす　＿＿＿＿＿＿＿

2重要単語
(3) developed country
は「先進国」，
developing country
は「発展途上国」の意味。

3 次の日本文にあうように，＿＿に適する語を書きなさい。

(1) その車はあの角で速度を落としました。

　The car ＿＿＿＿＿＿ ＿＿＿＿＿＿ at that corner.

(2) 母は毎日公園で散歩をします。

　My mother ＿＿＿＿＿ a ＿＿＿＿＿ in the park every day.

(3) 雨のために私は早く帰りました。

　I went home early ＿＿＿＿＿＿ to rain.

3重要表現
(1)「速度を落とす」は
slow down で表す。

4 次の文を，関係代名詞を使って1文に書きかえなさい。

(1) The building is tall. It has a large window.

　＿＿＿＿＿＿＿＿＿＿＿＿＿＿＿＿＿＿＿＿＿＿＿

(2) Is your brother the student? He painted this picture.

　＿＿＿＿＿＿＿＿＿＿＿＿＿＿＿＿＿＿＿＿＿＿＿

(3) Look at the girl and the cat. They are sleeping on the bed.

　＿＿＿＿＿＿＿＿＿＿＿＿＿＿＿＿＿＿＿＿＿＿＿

4主格の関係代名詞
that は修飾される名詞
が人でも人以外でも使
える。

ミス注意！
〈人＋もの（動物）〉を修
飾する関係代名詞は，
that を使う。

5 次の日本文を英語になおしなさい。

(1) 私の父が撮った写真は美しくありませんでした。

　＿＿＿＿＿＿＿＿＿＿＿＿＿＿＿＿＿＿＿＿＿＿＿

(2) あなたがいちばん好きなピアニストはだれですか。

　＿＿＿＿＿＿＿＿＿＿＿＿＿＿＿＿＿＿＿＿＿＿＿

(3) あなたのお姉さんが作るカレー料理はおいしいですか。

　＿＿＿＿＿＿＿＿＿＿＿＿＿＿＿＿＿＿＿＿＿＿＿

5目的格の関係代名詞

ポイント
目的格の関係代名詞は
省略することができる。

テストに出る！

予想問題

Reading for Fun 3
Learning from Nature

⏱ 30分 / 100点

🎵 **1** 英文を聞いて，その内容と合うものを選び，記号で答えなさい。 4点×2〔8点〕

🎵 a27

(1)

（　　）

(2)

| ア Miki Kana | イ Kana Miki | ウ Miki Kana | エ Kana Miki |

LOVE　　HAPPY　　　　　　　LOVE

（　　）

2 次の２文を，関係代名詞を使って１文に書きかえなさい。ただし，関係代名詞は省略せずに書くこと。 5点×4〔20点〕

ミス注意 (1) The girl is Miyuki. You saw her in the music room.

_____

(2) Did you see the robot? David invented it last week.

_____

(3) We need a boy. He is good at baseball.

_____

やや難 (4) This is the movie. It made me excited.

_____

3 次の日本文にあうように，＿＿に適する語を書きなさい。 4点×5〔20点〕

(1) この実験は失敗という結果になりました。

This experiment _____ _____ failure.

(2) 暗くなりました。さらに，雨が降り始めました。

It got dark. _____ _____, it started raining.

(3) そのパーティーには，エイミーを含め，たくさんの生徒が参加しました。

A lot of students joined the party, _____ Amy.

よく出る (4) 私は海外に住むことを考えたことがありません。

I have never _____ _____ living abroad.

(5) 私たちの車はトンネルから出ました。

Our car went _____ _____ the tunnel.

4 次の，面ファスナーの開発に関する英文を読んで，あとの問いに答えなさい。　〔22点〕

> The idea for these fasteners came to a (　①　) engineer.　He ②(　　　)(　　　) (　　　) through some woods with his dog.　Burs were sticking to his clothing and the dog's fur.　③[remove / it / the burs / was / to / difficult].　He looked at one more closely.　There were hundreds of small hooks on it.　The hooks easily ④(catch) onto loops of clothing, animal fur, and other things.　By closely observing nature, the engineer got ⑤[for / can / a new product / use / that / the idea / you] easily.

(1) ①の(　)内に「スイス人の」という意味の語を書きなさい。　〈4点〉

_____

(2) 下線部②が「散歩をした」という意味になるように，(　)に適する語を書きなさい。〈4点〉

_____

(3) 下線部③，⑤の[　]内の語句を並べかえて，意味の通る英文にしなさい。　5点×2〈10点〉

③ _____

⑤ _____ easily.

(4) ④の(　)内の語を正しい形になおして書きなさい。　〈4点〉

_____

5 [　]内の語句を並べかえて，日本文にあう英文を書きなさい。　5点×3〔15点〕

(1) 彼は世界中を旅するスキーヤーです。

[travels / is / the world / he / who / around / a skier].

_____

(2) きのう父が私に読んでくれた物語はおもしろかったです。

[my father / read / interesting / the story / for me / was / yesterday].

_____

(3) あの木の下にすわっている男の子とイヌはうれしそうです。

[happy / and / the dog / are / the boy / that / under / sitting / look / that tree].

_____

6 次のようなときどのようにいうか，英語で書きなさい。　5点×3〔15点〕

(1) 私に英語を教えてくれたのは加藤先生だ，と伝えるとき。(whoを使って，全体で8語の文に)

_____ is Mr. Kato.

(2) 自分たちが昨年訪れた寺はその花で有名だ，と伝えるとき。　（11語の文に）

_____

(3) 今までにこの女性によって書かれた本を読んだことがあるか，と相手にたずねるとき。

（11語の文に）

_____

巻末特集 動詞の形の変化をおさえましょう。

※赤字は特に注意しましょう。[ ]は発音記号です。

★A・B・C型

原形	現在形	過去形	過去分詞	意味
be	am, is / are	was / were	been [bíːn]	～である
begin	begin(s)	began	begun	始める
do	do, does	did	done	する
drink	drink(s)	drank	drunk	飲む
eat	eat(s)	ate	eaten	食べる
give	give(s)	gave	given	与える
go	go(es)	went	gone	行く
know	know(s)	knew	known	知っている
see	see(s)	saw	seen	見る
sing	sing(s)	sang	sung	歌う
speak	speak(s)	spoke	spoken	話す, しゃべる
swim	swim(s)	swam	swum	泳ぐ
take	take(s)	took	taken	持って行く
write	write(s)	wrote	written	書く

★A・B・B型

原形	現在形	過去形	過去分詞	意味
bring	bring(s)	brought	brought	持ってくる
build	build(s)	built	built	建てる
buy	buy(s)	bought	bought	買う
feel	feel(s)	felt	felt	感じる
find	find(s)	found	found	見つける
get	get(s)	got	got, gotten	手に入れる
have	have, has	had	had	持っている
hear	hear(s)	heard	heard	聞こえる, 聞く
keep	keep(s)	kept	kept	ままでいる, 保つ
make	make(s)	made	made	作る
say	say(s)	said [séd]	said [séd]	言う
stand	stand(s)	stood	stood	立つ, 立っている
teach	teach(es)	taught	taught	教える
think	think(s)	thought	thought	考える, 思う

★A・B・A型

原形	現在形	過去形	過去分詞	意味
become	become(s)	became	become	～になる
come	come(s)	came	come	来る
run	run(s)	ran	run	走る

★A・A・A型

原形	現在形	過去形	過去分詞	意味
hurt	hurt(s)	hurt	hurt	傷つける
read	read(s)	read [réd]	read [réd]	読む
set	set(s)	set	set	置く

中間・期末の攻略本
解答と解説

取りはずして使えます!

三省堂版　ニュークラウン　英語**3**年

Starter

p.3　テスト対策問題

1 イ

2 (1)力の強い，強力な　(2)地震
(3)勇気　(4)ほんとうに　(5)theme　(6)hate

3 (1)remind, of　(2)more than
(3)while

4 (1)to see[watch]　(2)to, at　(3)made

5 (1)Mark joined the party to make a lot of[many] friends.
(2)The news made us excited.

解説

1 絵理の今の気持ちに注意して聞き取ること。

♪ *A:* Eri, you don't look happy now. Why?

B: I'm going to play the piano in a concert next Sunday. That makes me nervous.

A: I understand. But if you can play well, you will be happy. Don't worry!

B: Oh, thank you, John.

Question: How does Eri feel now?

訳 A：絵理，あなたは今，うれしそうに見えません。なぜですか。

B：私は今度の日曜日，コンサートでピアノを演奏します。それが私を緊張させるのです。

A：わかります。でもうまく演奏できたらうれしいでしょう。心配しないで。

B：ああ，ありがとう，ジョン。

質問：絵理は今，どう感じていますか。

3 (1)「～に…を思い起こさせる」remind ～ of …
(2)「～より多くの」more than ～
(3) ミス注意!「～の間」while。while は when

「～するとき」や if「もし～ならば」と同じ接続詞であり，あとに〈主語＋動詞〉が続く。

4 (1)「私は映画を見ることが好きです。」にかえる。「～すること」を to 不定詞で表す。
(2)「あれは絵[写真]です。私たちはそれを見るべきです。」という文を，「あれは見るべき絵[写真]です。」という1文にする。「見るべき」は to 不定詞(形容詞用法)で表すが，look at は連語なので，不定詞の場合も at が必要になる。
(3) ミス注意! もとの文は「私はそのCDを聞いたとき，うれしくなりました。」という意味。〈make＋A＋B〉「AをBにします」を使う。make は過去形 made にする。

5 (1)「参加する」は join で表す。「たくさんの友達を作るために」は to 不定詞で表す。
(2)「知らせ」は news，「わくわくした」は excited。

ポイント
• 不定詞の3つの用法(名詞用法・副詞用法・形容詞用法)を整理して覚えなおす。
• 〈make＋A(＝人)＋B(＝形容詞)〉の語順。

p.4 ～ p.5　予想問題

1 (1)ウ　(2)イ

2 (1)sold, million　(2)became, theme
(3)eliminate hate　(4)came out
(5)truly[really], power

3 (1)on　(2)in　(3)for

4 (1)私は花に，彼女を勇気づけるためにメッセージを送りました。
(2)その歌手は世界中で新しい行事を開始しました。
(3)私たちは勉強する間，ほかのことをするべきではありません。
(4)あなたはさびしく感じるとき，たいてい何をしますか。

5 (1)① **sung** ③ **sang**

　(2)② **ウ** ④ **イ** (3) **made him** (4) **イ**

6 (1) **The boy's face reminded me of his mother.**

　(2) **This is the best fruit to eat when you**

　(3) **The novel made him more famous.**

7 (1) **He used the leaf as a dish.**

　(2) **More than 5,000 [five thousand] people listened to this speech.**

　(3) **Many other students joined our club to support the concert.**

✍ 解説

1 (1)美希が駅へ行く理由としては，**ウ**の「おばに会うためです。」が適切。Why ～?「なぜ～」に対しては，Because ….「なぜなら…だからです。」と，To ….「…するためです。」の2通りで答えられる。

♪ *A:* Hi, Tom. Where are you going?

　B: Hi, Miki. I'm going to the station to do some shopping. How about you?

　A: Oh, I'm also going to the station! I'm going there to meet my aunt. Why don't we go together?

　B: That's nice!

　Question: Why is Miki going to the station?

訳　A：こんにちは，トム。あなたはどこへ行くところですか。

　　B：こんにちは，美希。ぼくは買い物をするために駅へ行くところです。あなたはどうですか。

　　A：ああ，私も駅へ行くところです。私はおばに会うためにそこへ行くつもりです。いっしょに行きませんか。

　　B：それはよいですね！

　　質問：美希はなぜ駅へ行くのですか。

(2)男性は「何か飲むものをいただいてもよろしいでしょうか」とたずねているため，ほしがっているのは**イ**の「飲みもの」。

♪ *A:* Welcome to my house! How about something to eat?

　B: No, thank you. I'm not hungry now. But could I have something to drink?

　A: OK. Wait a minute, please.

　Question: What does the man want?

訳　A：私の家にようこそ。何か食べるものはいかがですか。

　　B：いいえ，結構です。私は今，空腹ではありません。でも，何か飲むものをいただいてもよろしいでしょうか。

　　A：わかりました。ちょっと待ってください。

　　質問：男性は何をほしがっていますか。

2 (1) sell には「売る」のほか「売っている」という意味があり，過去形は sold。

　(2)「～になる」は become で，過去形は became。

　(3)「～を…から取り除く」eliminate ～ from …

3 ✍ミス注意！ (1) on the radio「ラジオで」

　(2) believe in ～「～を信頼する」

　(3)ここでは期間を表す for「～の間」を入れると，「私たちはお祭りを1週間楽しみました。」という自然な文になる。

4 (1) encourage は「勇気づける」の意味で，この to 不定詞は「～するために」を意味する副詞用法と考えるのが自然。

　(3) should は「～すべきである」の意味で，ここでは否定文。while はあとに〈主語＋動詞〉が続き，「(～する)間に」の意味になる。

　(4) lonely「孤独な，さびしい」

5 (1)①直前に have があるので現在完了の文。過去分詞の sung にする。　③文末に「2011年に」とあるので，「歌った」と過去形の sang にする。

　(2)②「ベン・E・キングによる」　④「2011年に」のように年を表すとき，前置詞は in を用いる。

　(3)〈make＋A＋B〉「AをBにします」の形にする。Aが代名詞の場合は目的格にかえる。

　(4)下線部⑥は「～するために」を意味する副詞用法。**ア**は「私は次の日曜日，サッカーをしたいです[サッカーをすることを望みます]。」という意味で名詞用法。**イ**は「私はスポーツについての本を見つけるために図書館へ行きました。」という意味で副詞用法。**ウ**は「私に何か飲むもの[飲むための何か]を持ってきてください。」という意味で形容詞用法。

6 (1) remind ～ of …「～に…を思い起こさせる」を用いた文にする。

（2）「最もよい果物」は fruit の前に the best を置いて表す。最上級なので the をつける。「食べるのに」は「食べるための」と考え，これが「果物」に説明を加えるので，to eat を fruit の直後に置く。そのあとに「あなたが疲れているときに」の部分を続ける。

（3）語群に「〜になる」を表す動詞がなく，かわりに made があることに注目する。「その小説は彼をもっと有名にしました。」と考える。「その小説」＝The novel を主語にした〈make＋A＋B〉「AをBにします」の文にする。

7 （1）「〜として」は前置詞 as で表す。

（2）「〜より多くの」は more than 〜で表す。

（3）「そのコンサートを支援するために」は，「〜するために」を表す to 不定詞（副詞用法）を使って to support the concert とする。

Lesson 1 〜 文法のまとめ ①

p.8 〜 p.9 テスト対策問題

1 （1）ウ （2）ア

2 （1）初め，最初，始まり

（2）（ごく）近い，親密な，親しい （3）腕

（4）不幸にも，運悪く，あいにく，残念ながら

（5）信頼する，信用する （6）問題（点），争点

（7）rest （8）stage （9）move （10）push

3 （1）come up （2）a little （3）wait for

（4）got tired （5）give up （6）by day

4 （1）have been making the chair

（2）have been swimming in the lake

（3）has been writing a story

5 （1）①more time ③little rough

（2）beginning

（3）How long have you been practicing?

（4）Since

6 （1）been / she has （2）Have, been

（3）long has / For

7 （1）been, many

（2）recommend, particular

（3）Though

8 （1）They have been discussing this problem[issue] since yesterday.

（2）How long have you been running

here?

解説

1 （1）現在完了進行形の疑問文に対する応答なので，have を使って答えているものを選ぶ。

♪ *A:* Masato, I hear you can play the violin. Is that true?

B: Yes. I started to play the violin when I was five.

A: Have you been playing it since then?

B: (Yes, I have.)

訳 A：雅人，あなたはバイオリンを演奏できると聞いています。それはほんとうですか。

B：はい。ぼくは5歳のとき，バイオリンを演奏し始めました。

A：あなたはそれ以来，ずっと演奏し続けているのですか。

B：はい，し続けています。

（2）How long 〜? 「どれくらい長く〜」には for 「〜の間」か since 「〜から」を使って答える。

♪ *A:* Hi, Mami. What are you doing here?

B: Hi, John. I'm waiting for the bus. I want to go to the station, but my bus is late.

A: Oh, really? How long have you been waiting here?

B: (For twenty minutes.)

訳 A：やあ，真美。あなたはここで何をしているのですか。

B：こんにちは，ジョン。私はバスを待っています。私は駅に行きたいのですが，私のバスが遅れているのです。

A：おや，ほんとうですか。あなたはどれくらい長くここで待ち続けているのですか。

B：20分間です。

3 （1）「〜を思いつく」come up with 〜

（3）「〜を待つ」wait for 〜

（4）「疲れる」は get tired。get の過去形は got。

（5）「諦める」give up

（6）「日ごとに」day by day

4 すべて〈have[has] been＋動詞の -ing 形〉の形にする。

（3）主語 My father は3人称単数なので has。

5 （2）ing の前の n を2つ重ねる点に注意。

(3) <u>ミス注意!</u> 〈How long have＋主語＋been ＋動詞の -ing 形 ～?〉の形にする。

(4) How long ～? に対する応答なので，for か since を使う。あとに「今朝の 10 時」という過去を表す語句がくるので Since が適切。

6 (1) Has で文が始まっており，動詞の -ing 形である writing があることから現在完了進行形の疑問文とわかる。現在完了進行形の文には has を使って答える。

(2) 答えが Yes, I have. なので，疑問文は Have you ～? となる。また，動詞の -ing 形である reading があることから現在完了進行形の疑問文なので，reading の前には been を入れる。

(3) How で文が始まっており，been playing とあることから，How long「どれくらい長く」を使った現在完了進行形の疑問文とわかる。30 minutes「30 分」とあるので「30 分間し続けています」と考え，For「～の間」を入れる。

7 (1)「～に行ったことがある」は have been to ～，「何度も」は many times で表す。

8 (1)「～し続けています」より現在完了進行形の文。「議論する」は discuss，「きのうから」は since yesterday で表す。

(2) How long「どれくらい長く」で文を始め，have は主語の前に置く。run「走る」の -ing 形は，最後の n を重ねて -ing をつける。

・ポイント・
- 現在完了進行形〈have[has] been＋動詞の -ing 形〉は，過去に始まった動作が現在も進行中であることを表す。

p.10 ～ p.11　予想問題

1 イ

2 (1)**trust, close**　(2)**narrow down, to**
(3)**Though**　(4)**rest, little**
(5)**remind, of**　(6)**west, building**

3 (1)**We have been singing the song.**
(2)**Have they been cooking lunch for three hours?**
(3)**How long has he been practicing the drums?**

4 (1)**up**　(2)**No, haven't**

5 (1)**have been listening to it**
(2)②**エ**　③**イ**

(3)④**broke**　⑤**fell**

(4)**couldn't, more than**

6 (1)**Have they been discussing the problem?**
(2)**Jane hasn't decided to go**
(3)**How long have you been taking**

7 (1)**I recommend this movie in particular.**
(2)**My brother has been playing this video game since last week.**

解説

1 今の天気についてたずねている。時制(現在，過去，未来)に注意して聞き取る。

♪ *A:* Good morning, Ms. White.
B: Good morning, Ken. The weather isn't very good today.
A: That's true. We had sunny days last week, but it has been raining since Friday.
B: Yes. And the news says it will snow in the afternoon.
A: Oh, really? Then I'll finish my shopping quickly and go home. Goodbye, Ms. White.
B: Goodbye, Ken.
Question: How is the weather now?

訳 A：おはようございます，ホワイト先生。
B：おはよう，健。きょうは天気があまりよくないですね。
A：ほんとうですね。先週は晴れの日が多かったのですが，金曜日から雨が降り続いています。
B：ええ。そしてニュースによると，午後には雪が降るそうです。
A：えっ，ほんとうですか。それなら，ぼくはすぐに買い物を終えて帰宅します。さようなら，ホワイト先生。
B：さようなら，健。
質問：今の天気はどうですか。

2 (2)「～を…までにしぼる」は narrow down ～ to ... で表す。
(4)「休む」rest，「少し」a little
(5)「～に…を思い起こさせる」remind ～ of ...

(6)「西(の)」west,「建物」building

3 (1)〈have been＋動詞の -ing 形〉の形にする。

(2)現在完了進行形の疑問文は〈Have［Has］＋主語＋been＋動詞の -ing 形 ～?〉の語順。

(3)「どれくらい長く…」とたずねる文にする。〈How long have［has］＋主語＋been＋動詞の -ing 形 ～?〉の語順に注意。

4 (1)「まだ歩けますか」に対して「はい，歩けます」と答えているので，「諦めるつもりはありません」とすると意味が通る。「諦める」は give up で表す。

(2) ❓ミス注意! 「あなたは長い間，宿題をし続けていますか」に対する応答。続く文で「ほんの数分前に始めました」とあるので，No と haven't を使って答える。

5 (1)現在完了進行形の文にする。

(2)② move on ～「～に移る」

③ next to ～「～のとなりに」

(3)文の最初に Last year があるので，どちらも過去形にする。

(4) ❓ミス注意! 「～することができませんでした」は can の過去形 could と not で表すが，空所の数から短縮形 couldn't を使う。「～以上」は「～より多くの」と考え，more than ～で表す。

6 (1)現在完了進行形の疑問文は，〈Have［Has］＋主語＋been＋動詞の -ing 形 ～?〉の形にする。

(2)「～することを決める」decide to ～

(3)「どれくらい長く～」とたずねる〈How long have［has］＋主語＋been＋動詞の -ing 形 ～?〉の文にする。

7 (1)「特に」in particular

(2)現在完了進行形の肯定文。「先週から」since last week

Lesson 2 〜 Project 1

p.14 〜 p.15　テスト対策問題

1 ウ

2 (1)会社，仕事　(2)物語，お話

(3)作曲する，組み立てる

(4)大きな，主要な，重要な

(5)残る，とどまる　(6)映画　(7)**bedroom**

(8)**mile**　(9)**system**　(10)**soap**

3 (1)**goes well**　(2)**depends on**

(3)**More than**　(4)**known for**

(5)**until, came**　(6)**According to**

4 (1)**cleaned**　(2)**sold**　(3)**was**

(4)**spoken**　(5)**written**　(6)**loved**　(7)**seen**

5 (1)①**watching**　③**directed**

(2)**never seen［watched］**

6 (1)**Were / they were**

(2)**When was / was**

7 **was not held**

8 (1)**They are looking forward to listening to your song.**

(2)**We have never seen a panda.**

9 (1)**This bus is washed every week.**

(2)**Was that chair made by him?**

　― No, it wasn't［was not］.

解説

1 夏に涼しさを感じたいときに使うものを選ぶ。

♪ This is used in summer. It's used when you want to feel cool.

訳 これは夏に使われます。それはあなたが涼しさを感じたいときに使われます。

3 (1)「～と調和する」go well with ～

(3)「～より多くの」more than ～

(4) ❓ミス注意! 「～で知られている」は be known for ～で表す。

(5)「～(する)まで(ずっと)」は until で表す。あとに〈主語＋動詞〉を続けることができるが，文全体が過去の内容なら，until のあとの動詞も過去形にする。

(6)「～によれば」according to ～

4 すべて〈be 動詞＋動詞の過去分詞〉「～され(てい)ます」という受け身形の文にする。

(1) clean の過去分詞は cleaned。「この部屋は毎日，絵美によってそうじされています。」

(2) sell の過去分詞は sold。「そのかばんは有名な店で売られていました。」

(3)文末に in 1906「1906 年に」とあるので，過去の文。受け身形の過去の文は，be 動詞を過去形にする。

(4) speak の過去分詞 spoken を用いた受け身形の疑問文。「英語はインドで話されていますか。」

(5) write の過去分詞は written。「この本は日

本語で書かれています。」

(6) love の過去分詞は loved。「その映画は多くの人によって愛されています。」

(7) see の過去分詞 seen を用いた，受け身の否定文。「これらの鳥は私の国では見られません。」

5 (1)① ⚠️ミス注意! 〈look forward to＋動詞の-ing 形〉「～するのを楽しみに待つ」。この to は不定詞の to ではないため，動詞の原形は使わない。

③「監督されました」という受け身形にする。direct は規則動詞で，過去分詞は directed。

(2)〈have never＋動詞の過去分詞〉は「一度も～したことがない」という意味。

6 (1)疑問文で動詞が invited となっているので，受け身形の疑問文と考える。last night から過去の文なので，Were で文を始める。応答文でも were を使って答える。

(2) B が in 2000 と時を答えているので，When「いつ」で始まる疑問文にする。また，疑問文で動詞が made となっているので受け身形と考える。主語が this computer なので be 動詞は was を使う。応答文でも was を使う。

7 受け身形の否定文は，be 動詞のあとに not を置いて作る。

8 (1)「～を楽しみに待つ」look forward to ～
(2)経験を表す現在完了形の否定文は，have のあとに never「一度も～ない」を置いて作る。

9 (1)「洗われます」より受け身形〈be 動詞＋動詞の過去分詞〉で表す。

(2)受け身形の疑問文なので be 動詞は文の最初に置く。「作られましたか」と過去の文なので，be 動詞は過去形の was を用いる点に注意。Was ～? の疑問文には was を使って答える。

・ポイント・
・受け身形の文では，動作をする人は主語ではなく，〈by ～〉で表される。

p.16～p.17 予想問題

1 (1)エ (2)イ
2 (1)comes from (2)never visited
(3)go well (4)released in
(5)guidebook says
3 (1)held (2)known (3)seeing
(4)made

4 (1)The dishes were washed by Riku.
(2)Chinese isn't[is not] used in my country.
(3)When was this book written?
5 (1)India is located in South Asia.
(2)one billion (3)Every, miles
(4)spoken
6 (1)My plan for the weekend depends on the weather.
(2)Japanese is learned in many countries.
(3)Where was this pen found?
7 (1)I'm sure (that) they will[they'll] win the game.
(2)Fifteen songs were sung at the concert.
(3)This band is not[isn't] liked by young people now.

解説

1 (1)トムは剣道を一度も試したことがないと言っているので，答えは No。また Did ～? の質問なので，did で答えているものを選ぶ。

🎵 *A*: Tom, have you ever tried judo?
B: Yes. I tried it last year.
A: How about kendo?
B: I have never tried it.
Question: Did Tom try kendo last year?

訳 A：トム，あなたは今までに柔道を試したことはありますか。
B：はい。ぼくは昨年，それを試しました。
A：剣道はどうですか。
B：今まで一度も試したことがありません。
質問：トムは昨年，剣道を試しましたか。

(2)エミリーはよく日曜日に昼食を作るが，この前の日曜日の昼食は母親によって料理されたと言っている。

🎵 *A*: Emily, you like cooking, right?
B: Right, Masaya. On Sundays, I often make lunch for my family.
A: Did you make lunch last Sunday?
B: No, I didn't. That day, lunch was cooked by my mother.
Question: Who cooked lunch last Sunday?

訳 A：エミリー，あなたは料理が好きですよね。

B：そのとおりです，雅也。日曜日に，私は
　よく家族のために昼食を作ります。

A：あなたはこの前の日曜日に昼食を作った
　のですか。

B：いいえ，作りませんでした。その日は，
　昼食は私の母によって料理されました。

質問：この前の日曜日にだれが昼食を料理し
　ましたか。

2 (1)「～からきている」come from ～

(2)「一度も～したことがない」〈**have[has]
never＋動詞の過去分詞**〉

(3)「～と調和する」go well with ～

(4)release「公開する」を使った受け身の文に
する。「～語で」は，前置詞は in を用いる。

(5)「ガイドブック」は guidebook，「(本などに)
～と書いてある」は say ～で表す。

3 注意！(1)the meeting「その会合」が主
語なので，「その会合はきのう催されましたか。」
と考え，受け身形で表す。hold「(会・式など)
を催す」を選び，過去分詞 held にする。

(2)「北海道はすてきな食べ物で知られていま
す。」と考える。be known for ～は「～で知ら
れている」という意味。

(3)look forward to のあとにくる動詞は -ing
形。「私たちはあなたにまた会えるのを楽しみ
に待っています。」

(4)breakfast「朝食」が主語なので，「今朝，朝
食は姉[妹]によって作られました。」と考え，
受け身形で表す。make「作る」を選び，過去
分詞 made にする。

4 (1)「陸が皿を洗いました。」という文を「皿
は陸によって洗われました。」という文にする。
もとの文が過去形なので，**受け身形の文は be
動詞を過去形にする。**

(2)受け身形の否定文は be 動詞の後ろに not を
置く。

(3)「この本は 10 年前に書かれました。」という
文を，「この本はいつ書かれましたか。」とたず
ねる文に。When「いつ」で文を始め，疑問文
なので be 動詞は主語の前に出す。

5 (1)「～に位置する」be located in ～

(4)「話されている」という受け身形の文と考え，
過去分詞 spoken にする。

6 (1)主語の「私の週末の予定」は My plan for
the weekend。「～次第である」は depend on
～。to が不要。

(2) 注意！主語 Japanese のあとに，受け身
形 is learned を続ける。by「～によって」は動
作をする人を表すので，ここでは不要。

(3)疑問詞 Where で文を始め，受け身形の疑問
文の語順を続ける。did が不要。

7 (1)「～を確信している」は be sure (that) ～。

(2)「歌われました」より受け身形。主語が複数
で過去の文なので，be 動詞は were を使う。

(3)「好まれていない」より，受け身形の否定文
で表す。「若い人々に」は「若い人々によって」
と考え，by young people とする。

Lesson 3 ～ 文法のまとめ ③

p.20～p.21 テスト対策問題

1 (1)イ　(2)ア

2 (1)破壊する，こわす　(2)閃光，きらめき
(3)生き残る　(4)病気　(5)受け取る，もらう
(6)さいふ　(7)shock　(8)runner
(9)cancer　(10)tonight

3 (1)wearing glasses　(2)on display
(3)at least　(4)grew up　(5)At first

4 (1)エ　(2)エ　(3)イ　(4)ウ

5 (1)イ　(2)must, happen　(3)raised

6 I'm glad to see you again.

7 (1)This chair was made by my
grandfather.

(2)These dishes are used by my sister.

8 (1)call me　(2)got

9 (1)Do you know the students playing
soccer with John?

(2)These are the pictures taken in
London.

(3)Are you sad to see[watch] the movie?

解説

1 (1)「テレビゲームをしている少年」を選ぶ。

♪ア　Look at the boy dancing well.

イ　Look at the boy playing a video game.

ウ　Look at the boy walking his dog.

訳ア　上手に踊っている少年を見なさい。

イ テレビゲームをしている少年を見なさい。

ウ イヌを散歩させている少年を見なさい。

(2)This is a kind of のあとにくる名詞と，続く説明の両方に注意して聞き取ること。

♪**ア** This is a kind of food eaten for breakfast.

イ This is a kind of drink loved by children.

ウ This is a kind of sweets seen in winter.

訳**ア** これは朝食に食べられる食べ物の一種です。

イ これは子どもに愛されている飲みものの一種です。

ウ これは冬に見られるお菓子の一種です。

2 (8)runner のように -er で終わる単語には，「～する人」を表すものが多い。

3 (1)「めがねをかける」は wear glasses。

(2)「展示されて」on display

(3)「少なくとも」at least

(4)grow の過去形は grew。

4 いずれも**動詞の -ing 形**や**過去分詞**が**名詞を修飾する**文にする。

(1)名詞 the woman のあとに singing an English song がくる形にする。「英語の歌を歌っている女性はだれですか。」

(2)名詞 the library のあとに built last year がくる形にする。built は build「建てる」の過去分詞。「あれが昨年建てられた図書館です。」

(3) ⚠️ミス注意! standing over there が名詞 The boy のあとにくる形にする。〈動詞の -ing 形＋語句〉が文の途中に入る点に注意。「向こうで立っている少年は健です。」

(4)過去分詞 damaged が，語句をともなわずに1語だけで名詞 houses を修飾するので，その前に置く。「私たちはたくさんの被害を与えられた[傷んだ]家を見ました。」

5 (1)〈It is ～ for A to ....〉「Aにとって…することは～です。」の文にする。

(2)「起こる」は happen。

(3)raise は「上げる」。「多くの訪問者によって上げられる質問」と受け身の意味になるよう，過去分詞にするのが適切。

6 「～してうれしい」は be glad to ～ で表す。

7 (1)「このいすは私の祖父によって作られました。」という受け身形の文にする。主語が3人称単数で過去の文なので，be 動詞は was を使う。

(2)「これらの皿は私の姉[妹]によって使われます。」という受け身形の文にする。主語が複数で現在の文なので，be 動詞は are を使う。

8 (1)「友達は私をみいちゃんと呼びます。」と考え，〈call＋A＋B〉の形で表す。

(2)「彼は夕食を食べたときに病気になりました。」と考え，〈get＋A〉の形で表す。when 以降が過去形なので，合わせて過去形にする。

9 (1)名詞 the students のあとに playing soccer with John を続けて表す。

(2) ⚠️ミス注意! the pictures のあとに taken in London「ロンドンで撮られた」を続けて表す。

(3)「～して悲しい」は be sad to ～。疑問文なので，be 動詞 are は主語の前に出す。

・・ポイント・・・
・〈動詞の -ing 形＋語句〉も〈動詞の過去分詞＋語句〉も，説明する名詞の後ろに置く。

p.22 ～ p.23 予想問題

1 (1)**ア** (2)**ウ**

2 (1)**were destroyed** (2)**had, cold**

(3)**got worse** (4)**Speaking of**

(5)**What, mean**

3 (1)**making** (2)**designed** (3)**spoken**

(4)**standing**

4 (1)**girl reading** (2)**to see**

(3)**cake made**

5 (1)①**エ** ④**ア**

(2)②**dropped** ⑤**grew**

(3)**least 130,000 people died by the end of**

6 (1)**Are you reading a book written by**

(2)**We were shocked to hear the news.**

(3)**The cat sleeping under the chair is Yumi's.**

(4)**Your father will become fine**

7 (1)**Do you know the woman waiting for the[a] bus over there?**

(2)**That is a[the] picture painted by our English teacher.**

(3)**What do you call this in English?**

1 (1)ナンシーは，This is a pen made in Switzerland. と言っている。

♪ A: Nancy, you have a nice pen.

B: Oh, thank you, Takuya. This is a pen made in Switzerland.

A: Have you used it for a long time?

B: Yes, but I once lost it. I became sad, but I was happy to find the pen.

訳 A：ナンシー，あなたはすてきなペンを持っていますね。

B：ああ，ありがとう，拓也。これはスイス製のペンです。

A：あなたはそれを長い間使っていますか。

B：はい，でも私はかつて，それをなくしました。私は悲しくなりましたが，私はそのペンを見つけてうれしかったです。

(2)ドラムを演奏している男の子を知らないと言うジムに対して，美希は彼は明の兄弟の勝であると紹介している。

♪ A: Look at that band, Jim. They are cool.

B: I agree, Miki. Oh, our friend Akira is playing the guitar. Who is the boy playing the drums? I don't know him.

A: He is Masaru, Akira's brother.

B: I see. They are both great musicians!

訳 A：あのバンドを見てください，ジム。彼らはかっこいいです。

B：そうですね，美希。おや，ぼくたちの友人の明がギターを演奏しています。ドラムを演奏している男の子はだれですか。ぼくは彼を知りません。

A：彼は明の兄弟の勝です。

B：なるほど。彼らは２人とも，すばらしいミュージシャンですね！

2 (1)destroy「破壊する」の過去の受け身形の文にする。destroy は規則動詞で，過去分詞は destroyed。

(2)「かぜをひいている」have a cold

(3)「悪くなる」get worse

(5)mean は「意味する」という意味。

3 (1)「演説をしている男性はだれですか。」となるよう，-ing 形にする。

(2)「これは幼い子どものためにデザインされた携帯電話です。」と考え，過去分詞にする。

(3)「あなたの国で話されている言語は何ですか。」とする。speak は不規則動詞で，過去分詞は spoken。

(4) ⚠️ミス注意！「窓のそばに立っている生徒は私の親友です。」となるよう，-ing 形にする。by はここでは「～のそばに」の意味で，受け身形の文で用いる「～によって」という意味ではない。

4 (1)「ベンチで本を読んでいる女の子と話しましょう。」という動詞の -ing 形を用いた文にする。

(2)be surprised to ～「～して驚く」を用いて，「私は有名な俳優に会って驚きました。」にかえる。

(3)空所の直後に by my mother があるので過去分詞を用いて「私の母によって作られるケーキは本当においしいです。」にする。

5 (1)① begin with ～「～で始まる」

④ be good at ～「～が上手である」

(2)② drop は「落とす」という意味で，「原子爆弾が落とされた」と受け身形にする。drop の過去形・過去分詞は，語尾の p を重ねて -ed をつける。

⑤文の前半が過去の文なので，合わせて過去形にする。

(3)「少なくとも」at least，「～の終わりまでに」by the end of ～

6 (1)「川端康成によって書かれた本」を，名詞 a book に〈動詞の過去分詞＋語句〉が後ろから説明を加える形で表す。

(2)shock は「ショックを与える」という意味の動詞。「ショックを受けた」は「ショックを与えられた」と考え，受け身形で「～してショックを受ける」be shocked to ～と表す。

(3)「いすの下で眠っているネコ」を，名詞 The cat に〈動詞の -ing 形＋語句〉が後ろから説明を加える形で表す。

(4)「(Aの状態に)なる」は〈become＋A〉。A には形容詞が入る。

7 (1)「向こうでバスを待っている女性」を，the woman のあとに waiting for the[a] bus over there を続けて表す。

(2)「私たちの英語の先生によってかかれた絵」を，a[the] picture のあとに painted by our English teacher を続けて表す。

(3)〈call＋A＋B〉の B の部分を what にして文頭に置いた疑問文にする。「英語で」は in English。

Lesson 4 ～ Take Action! 4

p.26 ～ p.27　テスト対策問題

1 (1)○　(2)×

2 (1)西の　(2)成功　(3)結論
(4)全部の，全体の　(5)おそらく，たぶん
(6)合わせる，適合させる　(7)discovery
(8)explanation　(9)behavior
(10)attractive

3 (1)introduce，to　(2)Lots of
(3)There were　(4)heard，by
(5)used stamps　(6)is familiar to

4 (1)私には中国で働くおばがいます。
(2)彼は大きな窓のある部屋に住んでいます。
(3)公園を走っている少年は，私の友達のトムです。

5 (1)soccer player who can do amazing
(2)②ウ　③ウ

6 (1)who runs　(2)which has
(3)boys who are

7 (1)how to / Take　(2)for，to

8 (1)I have an uncle who lives in Australia.
(2)That dog which is sleeping on the chair is cute[pretty].

解説

1 (1)パン焼き職人の説明。
♪ He is a person who bakes bread.
訳 彼はパンを焼く人です。
(2)電車はすでに到着している。
♪ The train which comes from Tokyo will arrive soon.
訳 東京から来る電車がまもなく到着します。

3 (1)「～を…に紹介する」introduce ～ to ...
(2)「たくさんの」は many や a lot of をよく使うが，ここでは空所の数から lots of で表す。
(3)「～がいる[ある]。」は〈There＋be 動詞＋

名詞 ～.〉で表す。
(4)hear「聞く」の過去形は heard。「～による」は by ～で表す。
(5) 〔ミス注意!〕「使用済みの」を「使用された」と考え，動詞の過去分詞を名詞の前に置く。
(6)「～によく知られている」be familiar to ～

4 (1)(2)それぞれ an aunt，a room を that ～が後ろから説明している。
(3) 〔ミス注意!〕主語の The boy を that ～ in the park が説明し，文の主語となっている。

5 (1)〈名詞＋who＋助動詞＋動詞 ～〉の語順にする。

6 (1)(3)それぞれ，a friend(人)，the boys(人)を説明する関係代名詞としては who が適切。
(2)a house(もの)を説明する関係代名詞としては which が適切。

7 (1)Could you tell me how to get to ～?「～への行き方を教えてもらえますか。」，「乗る」take
(2)It's，us，learn の位置から〈It is ～ (for A) to ....〉「(A が)…することは～です。」を使う。

8 (1)an uncle を who lives in Australia が後ろから説明する形で表す。
(2) 〔ミス注意!〕That dog(主語)を which is sleeping on the chair が後ろから説明する形で表す。

ポイント
• 主格では〈名詞＋関係代名詞＋動詞～〉の語順になる。また，関係代名詞の直後の動詞の形は，説明する名詞の数に合わせる。

p.28 ～ p.29　予想問題❶

1 ウ

2 ウ

3 (1)is translated into　(2)each culture
(3)because of　(4)for example
(5)should，take　(6)got off at

4 (1)I have a sister who works at a hospital.
(2)Ben lives in a room which has white walls.
(3)Look at the students who are sitting on the bench.
(4)The book which has many beautiful pictures is very expensive.

5 (1)① around ② to ③ for

(2)**adjustments that were made for viewers**

(3)**タイトル［題名］，人物［登場人物］，内容**

6 (1)**a brother who wants to be**

(2)**a restaurant that is popular with**

(3)**is hard for children to understand unfamiliar**

(4)**The setting makes the movie more attractive.**

7 (1)**I have a friend who［that］can speak more than three languages.**

(2)**Is this the bus which［that］goes to the station?**

(3)**Could you tell me how to get to the post office?**

解説

1 兄［弟］はオーストラリアにいて，姉［妹］はアメリカで働いている。

♪*A:* Ms. Brown, do you have any brothers or sisters?

B: Yes. I have a brother who lives in Australia, and a sister who works in the U.S.A.

訳 A：ブラウン先生，あなたには兄弟か姉妹がいますか。

B：はい。私にはオーストラリアに住む兄［弟］がいて，アメリカで働く姉［妹］がいます。

2 手伝いを申し出る表現が適切。

♪ You see an old woman who has a very heavy bag in her hand. It must be difficult for her to carry it.

Question: What will you say to her?

訳 手にとても重いかばんを持っているお年寄りの女性が見えます。彼女にとってそれを運ぶのは難しいにちがいないです。

質問：あなたは彼女に何と言いますか。

3 (1)受け身形〈be 動詞＋動詞の過去分詞〉の文。「～を…語に翻訳する」translate ～ into ...

(2)ミス注意！ each「それぞれの」のあとには名詞の単数形が続く。

(5)「～すべき」should，「（電車・バスに）乗る」

take

(6)「～で降りる」get off at ～

4 (1)a sister（人）を説明するので who が適切。

(2)a room（もの）を説明するので which が適切。

(3)the students（人）を説明するので who が適切。

(4)主語の The book（もの）を説明するので，which has many beautiful pictures を The book と is very expensive の間に置く。

5 (1)①「世界中の」around the world

②「～によく知られている」be familiar to ～

③「～の理由」reason for ～

(2)the adjustments「調整」を関係代名詞の that を使って後ろから説明する形で表す。

(3)them は前文の the adjustments を指すが，具体的な「3つ」とは titles，characters，content のこと。

6 (1)a brother を主格の関係代名詞 who を使って後ろから説明する形で表す。

(2)a restaurant を主格の関係代名詞 that を使って後ろから説明する形で表す。

(3)「（A にとって）…することは～です。」は It is ～（for A）to .... で表す。

(4)ミス注意！「A を B にする」〈make＋A＋B〉。attractive は長い形容詞なので比較級は more attractive となる。

7 (1)「3か国語以上」は，more than three languages とする。a friend（人）を説明するので，関係代名詞は who または that を使う。

(2)the bus（もの）を説明するので，関係代名詞は which または that を使う。

(3)丁寧に道をたずねる表現。この表現では，ふつう「教える」は tell を，「～へ行く」は get to を使う。

p.30～p.31 予想問題 ❷

1 (1)**ウ**

2 (1)**perhaps** (2)**Therefore** (3)**frequently**

(4)**mainly** (5)**originally** (6)**literally**

3 (1)**which［that］has** (2)**who［that］lives**

(3)**pictures which［that］were**

4 (1)**これは中国文化を子どもたちに紹介する大きな行事です。**

(2)**この歌はその歌手をとても有名にしました。**

5 (1)**Could, tell, how**

(2)②**take** ③**change** ④**get**

(3)⑤**イ** ⑥**エ**

6 (1)**has an aunt who works as a doctor**

(2)**Will you introduce me to that girl?**

(3)**something that relates to the whole story**

7 (1)**He is a teacher who[that] gives us good advice.**

(2)**This is a book which[that] has pictures of old buildings.**

(3)**It was difficult[hard] for me to focus on the problem.**

解説

1 中央駅から the East Line の次の駅が東駅である。

♪ *A:* Could you tell me how to get to City Hall?

B: OK. Let's see. Take the South Line to Chuo Station. Then change to the East Line, and get off at Higashi Station. Higashi Station is the next station from Chuo Station.

A: I see. Thank you very much.

Question: Where is Higashi Station on the map?

訳 A：市役所への行き方を教えてもらえますか。

B：いいですよ。ええと。サウスラインに乗って中央駅に行ってください。それからイーストラインに乗り換えて東駅で降りてください。東駅は中央駅の次の駅です。

A：わかりました。どうもありがとうございます。

質問：地図の上で東駅はどこですか。

3 すべて主格の関係代名詞を使った書きかえ。「人」を説明する場合は who または that を，「もの」を説明する場合は which または that を使う。

(3) **ミス注意!**「アメリカで撮られた写真」なので関係代名詞のあとは受け身形になる。

4 (1)a big event を which ～ children が説明している。

(2)〈make＋A＋B〉「AをBにする」

5 (1)ていねいに道をたずねる表現。

(2)②「（電車・バスなどに）乗る」take

③「～に乗り換える」change to ～

④「～で降りる」get off at ～

(3)⑤ I got it.「わかりました。」

⑥ Have a nice trip!「どうぞよいご旅行を。」

6 (1)an aunt「おば」を主格の関係代名詞の who を使って後ろから説明する。

(2)「～してくれませんか。」は Will you ～?。

(3) **ミス注意!** something を主格の関係代名詞の that を使って後ろから説明する。

7 (1) **ミス注意!** advice は数えられない名詞なので，an をつけないこと。

(2)「載っている」は，ここでは have[has]で表す。

(3)「A が…することは～です。」It is ～ for A to ....，「～に焦点を合わせる」focus on ～

Reading for Fun 1

p.33 テスト対策問題

1 (1)**イ** (2)**エ**

2 (1)位置，姿勢 (2)方角，方向 (3)太った

(4)きたない，汚れた (5)正しい，正確な

(6)ちょっとの時間，瞬間

(7)**land** (8)**wide** (9)**body** (10)**control**

3 (1)**Why, have** (2)**to run**

(3)**takes care of** (4)**without, help**

4 (1)**It is time to start.**

(2)**Keep your room clean.**

5 (1)**Do you know how to play this instrument?**

(2)**The sky is covered with black clouds.**

解説

1 (1)冷蔵庫を説明する文。

♪ This is used to keep food or drinks cool.

訳 これは食べ物や飲み物を冷やしておくために使われます。

(2)レシピの載った料理の本。

♪ You read this when you want to learn how to cook.

訳 料理の仕方を学びたいとき，これを読みます。

3 (1)「なぜ」は why,「～しなければならない」は have to ～。

(2)「～し始める」start to ～

(3)「～の世話をする」take care of ～

4 (1)「～する時間だ。」It is time to ～.

(2)「A を B（の状態）に保つ」〈keep＋A＋B〉。
B には形容詞が入る。

5 (1)「～の仕方」how to ～

(2)by 以外の前置詞を伴う受け身形の文。

ポイント

・受け身形は〈be 動詞＋動詞の過去分詞〉の
形。動作主は by ～で表すが，「（素材など）
によって」という場合は by 以外の前置詞
を伴う。

（例）This crane is made of paper.
「このツルは紙でできています。」

p.34 ～ p.35　予想問題

1 ア

2 ウ

3 (1)correct　(2)mean
(3)gave up　(4)even though
(5)promise to　(6)in, direction

4 (1)has just laid　(2)was relaxing
(3)without, help　(4)Does, have to

5 (1)①failed　③pulled　⑤stepped
⑥caught　(2)all, yours　(3)fly, to fly

6 (1)My brother taught me how to ride
a unicycle.
(2)I must stay home to take care of my
pets.
(3)Why was he covered with oil?

7 (1)She always keeps her room clean.
(2)It's[It is] time to get up.

解説

1 マイクはきょう家で弟の面倒を見なければな
らない。

♪ *A:* Mike, have you finished your
homework yet?
B: Yes, I have. Why?
A: I have two tickets for today's baseball
game. Do you want to go together?
B: I'd love to, but I have to take care of
my little brother today.
A: OK. I'll ask another friend.
Question: What will Mike do today?

訳 A：マイク，宿題はもう終わったかい？

B：うん，終わったよ。なぜ？

A：きょうの野球の試合のチケットが 2 枚あ
るんだ。いっしょに行かないかい？

B：行きたいんだけど，きょうは家で弟の世
話をしないといけないんだ。

A：わかった。別の友だちを誘うよ。

質問：マイクはきょう何をするでしょうか。

2 夕方の 6 時まで話しこんでいるので，そろそ
ろ帰る時間と考える。

♪ You have been talking with your friends
for three hours, and it is six o'clock in the
evening now.

Question: What will you say to them?

訳 あなたは友人たちと 3 時間ずっと話してい
て，もう夕方の 6 時です。

質問：あなたは彼らに何と言いますか。

3 (1)「正しい，正確な」correct
(3)「諦める」give up。過去の文なので，give
は過去形の gave にする。
(4)「たとえ～でも」even though ～
(5)「～することを約束する」promise to ～
(6)「～の方向に」というとき，前置詞は in を
使う。

4 (1) ミス注意! 現在完了形は〈have[has]＋動
詞の過去分詞〉の形。副詞の just「ちょうど」
の位置や不規則動詞 lay の変化（過去形と過去
分詞は laid）に注意。
(2)過去進行形は〈was[were]＋動詞の -ing 形〉
で表す。
(3)「彼が私たちを手伝わなければ，私たちはそ
れをすることができません。」⇒「彼の助けなし
では，私たちはそれをすることができません。」
(4)have[has] to の疑問文は，〈Do[Does]＋主
語＋have to ～?〉の形。

5 (1) ミス注意! すべて過去形だが，細かいミス
をしないように注意しよう。① fail「失敗する」
③ pull away「身を引き離す」　⑤ step into ～
「～に足を踏み出す」。step**p**ed と子音字の p を
重ねることに注意。　⑥ catch「つかまえる」
は不規則動詞で，過去形は caught。
(3)「もし本当に飛びたいと思うなら，きみは飛
べる。」という文。

6 (1)「～の仕方」how to ～

(2)「〜の世話をする」take care of 〜

(3)「油まみれ」は「油でおおわれている」と考える。「〜におおわれている」be covered with 〜

7 (1)〈keep＋A＋B〉は「AをB(の状態)に保つ」。

(2)「起きる」get up

Lesson 5 ～ Project 2

p.38〜p.39 テスト対策問題

1 (1)ウ (2)ア

2 (1)努力 (2)公の, 公共の (3)どこに[へ]でも
(4)正直, 誠実さ (5)死, 死亡 (6)委員会
(7)**son** (8)**date** (9)**car** (10)**kill**

3 (1)**One day** (2)**fill up**
(3)**Practice, or** (4)**used to** (5)**right to**

4 (1)これは, 私があなたに買ったかばんです。
(2)その動物園は私がいちばん好きな場所です。

5 (1)**This is the book which I borrowed yesterday.**
(2)**Look at the pictures which I took in China.**

6 (1)**Is there somewhere interesting in**
(2)**museum** (3)イ

7 (1)**bicycle Mike uses every day**
(2)**person I talked to yesterday**

8 (1)**would** (2)**like** (3)**please**
(4)**Anything**

9 (1)**That is[That's] the picture which Tom painted[drew] yesterday.**
(2)**The pot that you broke was expensive.**
(3)**This is the cake I made.**

解説

1 (1)favorite「お気に入りの」と like 〜 the best「〜がいちばん好き」の言いかえはよく問われる。

♪ *A:* What sport do you like, Mike?

　B: I like soccer the best. Basketball is the second favorite. How about you, Judy?

　A: Tennis is the sport that I like the best.

Question: What is Judy's favorite sport?

訳 A：マイク, あなたはどんなスポーツが好きですか。

B：私はサッカーがいちばん好きです。バスケットボールが2番目に好きです。あなたはどうですか, ジュディ。

A：テニスが, 私のいちばん好きなスポーツです。

質問：ジュディの大好きなスポーツは何ですか。

(2)「彼女が書いたレポート」を持ってくる。

♪ *A:* Yuka, what did you write about for the report?

B: I wrote about Japanese culture.

A: Sounds interesting. I want to read it.

B: OK, Tom. I'll bring it tomorrow.

A: Thank you.

Question: What will Yuka bring for Tom tomorrow?

訳 A：由佳, あなたは何についてのレポートを書きましたか。

B：私は日本文化について書きました。

A：おもしろそうですね。読みたいです。

B：わかりました, トム。あす持ってきましょう。

A：ありがとう。

質問：由佳はあす, トムに何を持っていきますか。

3 (2)「いっぱいに満ちる」fill up

(3)「…しなさい, さもないと〜。」〈命令文, or 〜.〉

(4)「以前は〜だった」used to 〜

4 (1)(2)それぞれ the bag, the place を関係代名詞(目的格)の that 以下が後ろから説明している。〈名詞＋that＋A(主語)＋動詞 〜〉で「A が〜する…」と訳す。

5 説明する名詞が「もの」のときは, 主格のときと同様に which を使うことができる。また, 関係代名詞が目的語のはたらきをするので, 関係代名詞以降の部分では, 動詞[前置詞]の目的語が抜ける形になる。

(1)1文目の the book と2文目の it が同じものを指す。

(2)ミス注意! 1文目の the pictures と2文目の them(複数)が同じものを指す。

6 (1)「ワシントン D.C. には, どこかおもしろ

いところがありますか。」

(3) fascinating「魅力的な」，boring「退屈な」，terrible「ひどい」

7 (1) the bicycle を〈主語＋動詞 ～〉が後ろから説明する。

(2) 🖊ミス注意! 主語の The person を〈主語＋動詞 ～〉が後ろから説明する。「～と話す」は talk to ～なので，前置詞の to が必要となることに気をつける。

8 答えから質問内容を推測する。

(1)「うどんに何を入れましょうか。」

(2)「おにぎりはいかがですか。」

(3)「はい，お願いします。」。断るときは，No, thank you.「いいえ，結構です。」となる。

9 (1) the picture を which Tom painted[drew] yesterday が後ろから説明する形にする。

(2) The pot(主語)を that you broke が後ろから説明する形にする。

(3) 6語なので，関係代名詞を省略して〈主語＋動詞 ～〉が the cake を後ろから説明する形にする。

> **ポイント**
> ・目的格では〈名詞＋関係代名詞＋Ａ＋動詞 ～〉の語順になる。
> ・目的格の関係代名詞は省略できる。

p.40 ～ p.41　予想問題 ❶

1 ア

2 (1) Some, Others　(2) lasted, more than
(3) stopped fighting　(4) Here is
(5) made,　speech

3 (1) bag that[which]，made
(2) everyone likes
(3) that[which]，like，best

4 (1) Please show me the letter that Ken wrote.
(2) The shirts which you bought in Hawaii are cool.
(3) I like the singer who is known all over the world.

5 (1) nineteen fifty-five
(2) 洗面所[トイレ]，水飲み器，バスの席
(3) ③ arrest　④ movement　⑤ right

6 (1) You are free to sit anywhere

(2) **This is a song most Japanese know.**
(3) **an important movie that you should see**

7 (1) **The country (that[which]) I want to visit is Australia.**
(2) **He is the tallest person (that) I've[I have] ever seen.**
(3) **What would you like on your pizza?**

解説

1 ハンバーガーを２つ，サラダを１つ，オレンジジュースを１つ注文している。

🎵 A: Hello, what would you like to have?
　B: I'd like two hamburgers and a salad, please.
　A: Anything else?
　B: One orange juice, please.
　A: Sure.
　Question: Which picture shows the things the girl will buy?

訳 A：いらっしゃいませ，何になさいますか。
　B：ハンバーガーを２つとサラダを１つお願いします。
　A：ほかに何か注文なさいますか。
　B：オレンジジュースを１つお願いします。
　A：かしこまりました。
　質問：女の子が買うものを示している絵はどれですか。

2 (1) Some と Others を使って「～もいます。…もいます。」と対比する表現になる。

(2)「続く」は last，「～より多くの」は more than ～で表す。

(3)「～するのをやめる」stop ～ing

(4)「ここに～がある」Here is[are] ～.

(5)「演説をする」make a speech

3 (1)「祖母によって作られたかばん」⇒「祖母が作ったかばん」と，目的格の関係代名詞を使って書きかえる。

(2) 🖊ミス注意!「みんなに好かれている先生」⇒「みんなが好きな先生」に書きかえる。
everyone は単数として扱うことに注意する。

(3) favorite「大好きな」を like ～ the best「～がいちばん好き」で書きかえる。

4 (1) ２文目の it は１文目の the letter を指す。that を目的格の関係代名詞として使い，the

15

letter that Ken wrote とする。

(2) 2文目の them は1文目の The shirts を指す。which を目的格の関係代名詞として The shirts which you bought in Hawaii とする。

(3) 2文目の He は1文目の the singer を指している。who を主格の関係代名詞として使い，the singer who is known ～で説明する。

5 (1) 1900年代は，ふつう前後の2桁で区切って読む。

(2) 黒人の人々が法の下ですることができなかったことの例として，3つの使用制限が挙げられている。

(3) ③は arrest「逮捕」，④は movement「運動」，⑤は right「権利」

6 (1)「自由に～できる」be free to ～

(2) 〔ミス注意!〕 a song を most Japanese know という〈主語＋動詞〉が説明する形にする。

(3) an important movie を，目的格の関係代名詞 that を使って説明する。

7 (1)「私が訪れたい」は I want to visit とする。the country（もの）を説明するので，関係代名詞は which または that を使うが，目的格なので省略してもよい。

(2)「私が今までに見た中で」は I've ever seen となる。the tallest person（人）なので，関係代名詞は that を使う。この that は目的格なので，省略してもよい。

(3) レストランなどで注文をとるときの表現。would like を使って表現する。

1 イ

2 (1)each other (2)lives on
(3)hands with (4)is based on
(5)Dear, Sincerely

3 (1)○ (2)× (3)○ (4)×

4 (1)speech that[which], wrote
(2)Leave, or (3)will be able

5 (1)これは，私が一度も聞いたことがない歌です。

(2)朝食に米を食べる人もいます。パンを食べる人もいます。

6 (1)What would you like on
(2)little bit (3)thank you (4)ア

7 (1)He is not a singer but an actor.
(2)a play that will bring us happiness
(3)in a nation where we can express
(4)Picasso is the painter he studies about.

8 (1)The food I like the best is curry.
(2)This is the house（which[that]）my aunt lives in.

解説

1 ケーキは買ったのではなく，母親といっしょに作ったと説明している。

♪ *A:* Would you like some cake?
B: Yes, please.
A: Here you are.
B: Wow, this cake is beautiful and delicious. Where did you buy it?
A: I didn't buy it. It's the cake I made with my mother.

訳 A：ケーキはいかがですか。
B：はい，いただきます。
A：はい，どうぞ。
B：まあ，このケーキはきれいでとてもおいしいですね。どこで買ったのですか。
A：買ったのではありません。それは，私が母といっしょに作ったケーキです。

2 (1)「おたがいを[に]」each other
(2)「生き続ける」live on
(3) 〔ミス注意!〕「～と手を取り合う」join hands with ～。手を取り合うには相手が必要。必ず hands と複数形にする。
(4)「～をもとにしている」be based on ～
(5) 手紙の定型表現。一般的に Dear ～，「親愛なる～，」で始めて，最後は Sincerely, ～「敬具，～より」で終える。

3 (1)(3)目的格の関係代名詞は省略できる。
(2)(4)主格の関係代名詞は省略できない。

4 (1) 〔ミス注意!〕 不規則動詞の変化（write － wrote － written）に注意。「このスピーチはジャックによって書かれました。」⇒「これは，ジャックが書いたスピーチです。」
(2)「もしすぐに家を出なければ，その機会を逃すでしょう。」⇒「すぐに出発しなさい，さもないとその機会を逃すでしょう。」〈命令文，

or ~.〉「…しなさい，さもないと~。」

(3)助動詞の can と will は同時に使うことはできないので，will be able to ~とする。

5 (1)that は目的格の関係代名詞で，that ~ listened to が a song を説明している。

(2)Some ~. Others ....「~する人もいれば，…する人もいる。」

6 (1)「ピザには何をのせましょうか。」

(2)「~をほんの少し」a little bit of ~

(3)No, thank you.「いいえ，結構です。」は断るときの表現。

(4)Anything else?「ほかに何かありますか。」

7 (1)「~でなく…」not ~ but ...

(2)that を主格の関係代名詞として使う。

(3)in a nation where ~ 「~であるような国」

(4) **ミス注意!** the painter を〈主語＋動詞 ~〉が後ろから説明する形で表す。

8 (1)「8語で」と指定されているので，関係代名詞を省略して，名詞 the food を〈主語＋動詞 ~〉が後ろから説明する形にする。

(2)「~に住む」は live in ~となるので，前置詞の in が必要。

Lesson 6 ～ 文法のまとめ ⑤

p.46 ～ p.47 テスト対策問題

1 (1)イ (2)ウ

2 (1)想像する，心に思い描く

(2)真実，ほんとうのこと，事実

(3)だんだんと，徐々に，しだいに (4)現代の

(5)個人的な (6)~に着く，達する

(7)invention (8)pollution (9)human

(10)period

3 (1)all, time (2)for sure (3)by myself

(4)into pieces (5)out (6)over, over

4 (1)had, could (2)knew, would

(3)If, had, could

5 (1)**What would you do if**

(2)**future** (3)ウ

6 (1)**I wish I had a robot.**

(2)**I wish I could use magic.**

7 **If I were[was] you, I would not do that.**

8 (1)**shall** (2)**How** (3)**What** (4)**agree**

9 (1)**As soon as he comes, I'll[I will] call you.**

(2)**I got up early in order to take the first train.**

(3)**Please tell[teach / show] me how to catch fish.**

解説

1 (1)but の直前で理由が述べられている。

♪ Kenji got a new bicycle on his birthday. He really wants to travel around Japan by bicycle, but he doesn't have enough time. He has too much work to do.

Question: What would Kenji do if he had enough time?

訳 健二は誕生日に新しい自転車を手に入れました。彼はほんとうに自転車で日本中を旅したいと思っていますが，彼には十分な時間がありません。彼にはすべき仕事がたくさんありすぎます。

質問：十分な時間があれば，健二は何をするでしょうか。

(2)仮定法は現実と異なる願望を述べる文。

♪ Mika and Yuki are my friends. They are on the track and field team. Mika often says, "I wish I could run fast like Yuki."

Question: Which is true?

訳 美香と由紀は私の友達です。彼女たちは陸上部に所属しています。美香はよく「私も由紀のように速く走れたらいいのになあ。」と言います。

質問：どれが正しいですか。

3 (1)「いつも」all the time

(3) **ミス注意!** 「独力で」by oneself。oneself は文脈に応じて myself, yourself, himself などになる。

(4)「粉々に」into pieces

(5)「わかる」find out

4 **ミス注意!** if を使った仮定法は，〈If＋主語＋動詞の過去形 ~，主語＋助動詞の過去形 ....〉「もし~であれば…だろうに。」の形。

5 (2)past「過去」⇔ future「未来」

17

(3) want は動詞を目的語にとる場合，必ず〈to
＋動詞の原形〉にする。

6 I wish を使った仮定法は，可能性が(ほとん
ど)ない願望を表す表現。I wish のあとの(助)
動詞は過去形にする。

7 仮定法では，主語に関係なく be 動詞は
were を使うことが多い。ただし，口語では
was も使われる。「もし私があなたなら，そん
なことはしないだろうに。」

8 (1)「彼のために何をしましょうか。」
(2)「キャンプをするのはどうですか。」
(3) ⚡ミス注意! 疑問詞は how ではなく what。

9 (1)「～するとすぐに」は〈as soon as＋主語
＋動詞 ～〉。I'll[I will] call you を文頭にして
もよい。
(2)「～するために」は〈in order to＋動詞の原
形 ～〉。
(3)「～の仕方」〈how to＋動詞の原形 ～〉

> **ポイント**
> ・実現する可能性が低いことを仮定する文で
> は，過去形を使うことに注意する。
> ・仮定法の文では，be 動詞は主語にかかわ
> らず were を使うことが多い。

p.48 ～ p.49 予想問題

1 ア
2 (1)**Nobody knows** (2)**hesitate to**
(3)**off** (4)**air pollution**
(5)**I'm, proud that** (6)**up with**
3 (1)**What would you do if you had**
(2)**As soon as I got to the station**
(3)**have the courage to fight for human**
(4)**Please tell me how to save**
 endangered animals.
4 (1)①**traveling** ⑥**led**
(2)**wish I could fly like**
(3)③**ウ** ④**イ** ⑤**イ**
(4)**in order to**
5 (1)もし忙しくなければ，私はあなたとい
 っしょに買い物に行くのですが。
(2)それをするよりは何もしない方がよい。
6 (1)**What do you think about my**
 opinion?
(2)**I wish I could speak English better.**

(3)**If I were[was] you, I would write
her a birthday card.**

解説

1 仮定法で表されている水族館には，行くこと
ができていない。

♪ *A:* Judy, how did you like our city?
B: Great! The museum was especially
 wonderful. And I really enjoyed
 watching animals at the zoo and
 visiting some old temples.
A: I'm glad to hear that. If you had a
 little more time, you could go to the
 aquarium. It's my favorite place.
B: Please take me there next time. Oh,
 my train is coming. Thank you for
 inviting me to your city.
Question: Which is the place Judy didn't
 visit?

訳 A：ジュディ，私たちの町はどうでしたか。
 B：最高でした。特に博物館はすばらしかっ
  たです。また，動物園で動物を見たり，
  古寺を巡ったりするのもとても楽しかっ
  たです。
 A：それを聞いてうれしいです。もしもう少
  し時間があれば，水族館にも行けるので
  すけれどね。そこは私のお気に入りの場
  所なのです。
 B：次はそこに連れていってください。ああ，
  電車が来ますね。私をあなたの町に招待
  してくれてありがとう。
 質問：ジュディが訪れなかった場所はどれで
  すか。

2 (1) ⚡ミス注意! nobody「だれも～ない」は，
単数の扱いになるので動詞の形に注意する。
(2)「～することをためらう」hesitate to ～
(3)「出発する」start off
(5)「～ということを誇りに思っている」be proud
that ～
(6)「～を思いつく」come up with ～
3 (1) if を使った仮定法の文。
(2)「～するとすぐに」as soon as ～
(3)「～する勇気」the courage to ～，「人権」
human rights

(4)「～の仕方」how to ～，「絶滅寸前の動物」
endangered animals

4 (1)①前置詞 of の後ろなので，動名詞(-ing 形)
が適切。 ⑥ lead は不規則動詞。過去形は led。
(2)I wish を使った仮定法の文で表す。
(3)③ secret(s)「秘密」 ④ ridiculous「こっけ
いな」 ⑤ make fun of ～「～をからかう」
(4)「～するために」in order to ～

5 (1) **ミス注意！** 仮定法の文。過去の意味に訳さ
ないように注意する。
(2)It is ～ to ....「…することは～です。」の文と，
比較級(better than)が組み合わさっている。
to do nothing「何もしないこと」と to do that
「それをすること」の 2 つを比較している。

6 (1)「～についてどう思いますか。」What do
you think about ～?
(2)I wish を使った願望の文。
(3)「もし私があなたなら」if I were[was] you

Lesson 7 ～ Project 3

p.52～p.53　テスト対策問題

1 (1)イ　(2)ア
2 (1)～の中で，～の範囲内に[で]　(2)外国人
(3)満足した　(4)研究者　(5)患者，病人
(6)決心　(7)response　(8)refer
(9)clearly　(10)customer
3 (1)keep, touch　(2)exception
(3)ready to　(4)figure out　(5)deals with
4 (1)Mary is　(2)the movie starts
(3)he likes　(4)who used
(5)how many people there were
5 (1)tell, truth
(2)what people were saying
(3)studying
6 I helped him wash his car.
7 (1)them to clean　(2)tell, to　(3)to buy
8 not only
9 (1)My father helped me write this
letter.
(2)Do you know why Jim can speak
Japanese?

解説

1 (1)駅への行き方をたずねているものを選ぶ。
♪ア　Do you know which train I should
take?
イ　Please tell me how I can get to the
station.
ウ　I don't know where your house is.
訳ア　あなたは私がどの電車に乗るべきかわか
りますか。
イ　どうすれば駅に行けるのか私に教えてく
ださい。
ウ　私はあなたの家がどこにあるのか知りま
せん。
(2)奈美が，彼女の弟が部屋をそうじするのを手
伝ったという内容の英文を選べばよい。
♪ア　Nami helped her brother clean his
room.
イ　Nami told her brother to clean his
room.
ウ　Nami wants to clean her room.
訳ア　奈美は，彼女の弟が部屋をそうじするの
を手伝いました。
イ　奈美は，彼女の弟に部屋をそうじするよ
うに言いました。
ウ　奈美は自分の部屋をそうじしたいと思っ
ています。
3 (2)「例外」exception
(3)「～する準備ができている」be ready to ～。
「～」には動詞の原形が入る。
(5)「～を取り扱う」deal with ～
4 **ミス注意！** 間接疑問では，疑問詞のあとは
〈主語(＋助動詞)＋動詞〉と肯定文の語順が続く。
(4)間接疑問で，疑問詞が主語となっている場合，
〈疑問詞＋動詞〉の語順になる。
5 (2)文の途中で疑問詞 what があるので間接疑
問。〈what＋主語＋動詞〉の語順にする。
(3)直前に前置詞 into があるので動名詞(動詞の
-ing 形)にする。
6 **ミス注意！**「A が～するのを手伝う」〈help
＋A＋動詞の原形〉
7 (1)「私は彼らに自分たちの部屋をそうじして
もらいたいです。」という文にする。「A に～し
てもらいたい」は〈want＋A＋to＋動詞の原形〉。
(2)「あなたは彼らに 5 時までに帰宅するように

言いましたか。」という文にする。「A に～するように言う」は〈tell＋A＋to＋動詞の原形〉。

(3)「私は母に，私にかばんを買ってくれるように頼みました。」という文にする。「A に～するように頼む」は〈ask＋A＋to＋動詞の原形〉。

8 (1)A「真理子は英語をとても上手に話しますね。」— B「はい。彼女は英語だけでなくスペイン語も話せます。」not only ～は「～だけでなく」という意味。

9 (1)「この手紙を書く」は write this letter。

(2) **ミス注意!**「なぜジムが日本語を話せるのか」は間接疑問で why Jim can speak Japanese。

ポイント
- 間接疑問の語順〈疑問詞＋主語（＋助動詞）＋動詞〉に注意する。
- 〈動詞＋A＋to＋動詞の原形〉と〈help＋A＋動詞の原形〉の文の形と意味を覚える。

p.54 ～ p.55 予想問題

1 エ
2 ウ
3 (1)when (2)why (3)to help (4)cook
(5)how much
4 (1)than, before (2)different from
(3)refers to (4)These days (5)Not only
5 (1)a Japanese-style inn (2)coming
(3)foreign tourists (4)first
(5)なぜ，しだいに来る外国人の数が減ったのか。
(6)Their responses helped me see the matter
6 (1)I told Mary to stay at my house.
(2)Please tell me what time you will get up tomorrow.
7 (1)I want my son to be[become] a teacher.
(2)I can't[cannot] understand[figure out] what this means.
(3)Jack helped me write a report.
(4)Do you know which season Tom likes the best?

解説

1 B が「あなたは私にいっしょに行ってもらいたいですか。」とたずね，A が「はい。」と答えている。

A: Kana, can you tell me where the post office is?

B: It's a little difficult to explain. Do you want me to go with you?

A: Yes! Thank you very much.

訳 A：佳奈，郵便局がどこにあるのか教えてくれませんか。

B：説明するのが少し難しいです。あなたは私にいっしょに行ってもらいたいですか。

A：はい。どうもありがとうございます。

2 トム（エイミーと弟のおじ）は，エイミーに自分を手伝うように頼んでいる。

Amy has a little brother, Jack. Last Sunday, Amy and her brother visited their uncle, Tom. Tom wanted them to eat lunch together. He asked Amy to help him cook lunch.

They made lots of pizza. They had a great time. Amy could only eat two slices of pizza. Jack ate six. She didn't understand how he could eat so much.

Question: Who did Tom ask to help him?

訳 エイミーには弟のジャックがいます。この前の日曜日，エイミーと彼女の弟は彼女たちのおじのトムを訪ねました。トムは彼女たちに昼食をいっしょにとってほしかったです。彼はエイミーに昼を作るのを手伝ってほしいと頼みました。

彼女らはたくさんのピザを作りました。彼女らは楽しい時を過ごしました。エイミーはピザを2切れしか食べることができませんでした。ジャックは6つ食べました。彼女は彼がどうやってそんなにたくさん食べることができたのか理解できませんでした。

質問：トムは誰に彼を手伝ってほしいと頼みましたか。

3 (1)「いつ」は when。

(2)「なぜ」は why。

(3) **ミス注意!**「A に～するように頼む」は〈ask＋A＋to＋動詞の原形〉。「A が～するのを手伝う」〈help＋A＋動詞の原形〉とのちがいに注意。

(4)「A が～するのを手伝う」〈help＋A＋動詞の原形〉

(5)「(値段について)いくら」は how much。

4 (1)「これまでより」than ever before

(2)「～とちがっている」be different from ～

(3)「～を参照する」refer to ～

5 (1)直後で説明されている。

(2)**start -ing** で「～し始める」という意味。

(3)直前の文にある foreign tourists をあてはめると意味が通る。

(4)「最初は」は at first。

(5)直前にある文の後半の内容を指す。

(6) helped, me, 動詞の原形 see から〈**help＋A＋動詞の原形**〉の文と考える。

6 (1)「Aに～するように言う」〈**tell＋A＋to＋動詞の原形**〉

(2) ミス注意!「あす何時に起きるつもりか」を間接疑問で表す。

7 (1)「Aに～してもらいたい」は〈**want＋A＋to＋動詞の原形**〉。「なる」は be 動詞または become で表すことができる。

(2)「これが何を意味するのか」を間接疑問で表す。

(3)「Aが～するのを手伝う」〈**help＋A＋動詞の原形**〉

(4)「どの季節が」なので，間接疑問を which season で始める。また，「いちばん好きか」なので，like ～ the best を使った文を続ける。

Reading for Fun 2

p.57 テスト対策問題

1 (1)○ (2)×

2 (1)妻 (2)夫 (3)**accept** (4)**marry**

3 (1)**for, while** (2)**to herself**

4 (1)**can't she** (2)**didn't they**

5 (1)**Those studying students are my friends.**

(2)**There is an opened box on the desk.**

6 **My mother will let me go shopping tomorrow.**

解説

1 (1)テレビゲームをさせてほしいと言うトムに，母親は宿題を終えたらしてもよいと言っている。

♪ *A:* Mom, please let me play the video

game.

B: You can do that after finishing your homework, Tom.

A: OK. I'll finish it soon.

訳 A：お母さん，ぼくにテレビゲームをさせてほしいよ。

B：宿題を終えたらそれをしてもよいわよ,トム。

A：わかったよ。ぼくはそれをすぐに終えるよ。

(2)切手について，オーストラリアに住んでいる友達が送ってくれたと説明している。

♪ *A:* Mary, I like to collect used stamps. I have about three hundred.

B: You have so many stamps, Yuta! Which country's stamp is this?

A: It's a stamp from Australia. One of my friends lives there and sent it to me.

訳 A：メアリー，ぼくは使用済みの切手を集めるのが好きなんです。ぼくは約 300 枚の切手を持っています。

B：あなたはそんなにたくさんの切手を持っているんですね，雄太。これはどの国の切手ですか。

A：それはオーストラリアからの切手です。友達の一人がそこに住んでいて，ぼくにそれを送ってくれました。

3 (2)「ひとりごとを言う」say to oneself。one の部分には代名詞の目的格と同じ形を入れる。

4 (1)can があるので，否定形は can't。主語が your sister と女性なので，代名詞は she。

(2)動詞が had なので，否定形は didn't を使う。代名詞は they をそのまま使う。

6 「Aに～させる」〈**let＋A＋動詞の原形**〉，「買い物に行く」go shopping

ポイント

・〈**let＋A＋動詞の原形**〉の文と意味を覚える。

・動詞の -ing 形や過去分詞が 1 語だけで名詞を修飾する場合の位置に注意する。

・付加疑問文の形〈～，否定形＋主語 ?〉に注意する。

p.58 ～ p.59 予想問題

1 (1)**イ** (2)**イ**

2 (1)**running boy** (2)**let us**

(3)**wasn't she** (4)**washed T-shirt**

3 (1)**set of** (2)**knocked, off** (3)**cut off**

(4)**went up to** (5)**come back**

(6)**took out**

4 (1)**a while**

(2)**the watch chain that was shining**

(3)**don't you** (4)④**sold** ⑤**sat**

5 (1)**Mr. Smith will <u>let</u> us use the gym.**

(2)**There <u>were</u> many invited guests in this room.**

(3)**Yuri lived in Cairns, <u>didn't she</u>?**

6 (1)**Brian can play the guitar, can't he?**

(2)**Ms. Jones will let you practice the piano.**

(3)**That cooking man is my uncle.**

解説

1 (1)メアリーは健二からラトナについて聞いたと言っている。

(2)トムがメアリーに，彼女をラトナに紹介すると言っている。

♪ *A:* Tom, who is that smiling girl?

B: She is Ratna.

A: Oh, Ratna! She is from India, isn't she?

B: Why do you know that, Mary?

A: I heard about her from Kenji. I want to be friends with her.

B: OK. I know her. I'll introduce you to her.

A: Oh, thank you!

Question1: Why does Mary know about Ratna?

Question2: What will Mary let Tom do?

訳 A：トム，あの笑っている女の子はだれですか。

B：彼女はラトナです。

A：ああ，ラトナ！ 彼女はインド出身ですよね。

B：なぜそのことを知っているのですか，メアリー。

A：私は彼女について健二から聞きました。私は彼女と友達になりたいです。

B：わかりました。ぼくは彼女を知っていま

す。ぼくが彼女にあなたを紹介しましょう。

A：まあ，ありがとうございます。

質問1：なぜメアリーはラトナについて知っていますか。

質問2：メアリーはトムに何をさせるでしょうか。

2 (1) ⚠️ミス注意！「走っている」が「男の子」を修飾する。running boy とする。

(2)「A に〜させる」〈let＋A＋動詞の原形〉

(3)主語が Your grandmother で was があるので，付加疑問は〜, **wasn't she?** とする。

(4) ⚠️ミス注意！「洗濯された」が「T シャツ」を修飾する。washed T-shirt とする。

3 (1)「ひとそろいの〜」a set of 〜

(2)「…から〜を払い落とす」knock 〜 off …。過去の文なので knock は knocked にする。

(3)「〜を切る」cut off 〜

(4)「〜のところまで行く」go up to 〜。過去の文なので go は went にする。

(6)「〜を取り出す」take out 〜。過去の文なので take は took にする。

4 (2)that を主格の関係代名詞として使い，the watch chain という名詞を that was shining beautifully が後ろから説明する形にする。

(3)主語が you で like があるので，付加疑問は〜, **don't you?** とする。

(4)いずれも過去の文なので過去形にする。④ sell の過去形は sold で，⑤ sit の過去形は sat。

5 (1)「A に〜させる」は，let を補って〈let＋A＋動詞の原形〉で表す。

(2) ⚠️ミス注意！「招待客」を「招待された客」と考え，invited guests とする。「〜がいました。」は There were 〜. で表す。

(3)Yuri lived in Cairns. を付加疑問文にする。主語が Yuri (女性) で動詞が lived なので，**〜, didn't she?** とする。

6 (1)Brian can play the guitar. を付加疑問文にする。主語が Brian (男性) で can があるので，**〜, can't he?** とする。

(2)「ジョーンズ先生はあなたたちにピアノを練習させるでしょう。」と考える。「A に〜させる」は，let を使って〈let＋A＋動詞の原形〉で表す。「ピアノを練習する」は practice the piano。

(3)「あの料理をしている男性は私のおじです。」と考える。「あの男性は私のおじです。」は That man is my uncle. となる。man を「料理をしている」が修飾するので cooking man とする。

Reading for Fun 3

1 (1)ア　(2)ウ
2 (1)特定の　(2)前へ，前方に
　(3)発達させる，発達する　(4)方法
　(5)pressure　(6)produce
3 (1)slowed down　(2)takes, walk　(3)due
4 (1)The building which[that] has a large window is tall.
　(2)Is your brother the student who[that] painted this picture?
　(3)Look at the girl and the cat that are sleeping on the bed.
5 (1)The picture (which[that]) my father took was not beautiful.
　(2)Who is the pianist (that) you like the best?
　(3)Is the curry (which[that]) your sister cooks[makes] delicious[good]?

解説

1 (1)人々がいっしょにする伝統的な日本のスポーツと説明している。
　ア　This is a traditional Japanese sport which people play together.
　イ　This is a traditional Japanese food which you can make easily.
　ウ　This is a traditional Japanese instrument which is very heavy.
訳 ア　これは人々がいっしょにする伝統的な日本のスポーツです。
　イ　これは容易に作ることができる伝統的な日本の食べ物です。
　ウ　これはとても重い伝統的な日本の楽器です。
　(2)who のあとをよく聞き取る。
　ア　She is a person who paints pictures as her job.
　イ　She is a person who writes songs as her job.
　ウ　She is a person who plays the piano as her job.
訳 ア　彼女は職業として絵をかく人です。
　イ　彼女は職業として歌を書く人です。
　ウ　彼女は職業としてピアノを弾く人です。
3 (2)「散歩をする」take a walk
　(3)「～のために」due to ～
4 ミス注意! (1)修飾される名詞(先行詞)が The building と人以外なので，関係代名詞は which か that を使う。
　(2)先行詞が the student と人なので，関係代名詞は who か that を使う。
　(3)先行詞が the girl and the cat と〈人＋人以外のもの〉の場合，関係代名詞は that を使う。
5 目的格の関係代名詞は省略することもできる。
　(1)「写真」を「私の父が撮った」が修飾するので，the picture を先行詞とし，which[that] my father took が後ろから説明を加える形にする。The picture を複数形 The pictures にして，were を使ってもよい。
　(2)「ピアニスト」を「あなたがいちばん好きな」が修飾するので，(that) you like the best が the pianist を後ろから説明する形にする。
　(3)「カレー料理」を「あなたのお姉さんが作る」が修飾するので，the curry を先行詞とし，(which[that]) your sister cooks[makes] が後ろから説明を加える形にする。

ポイント
・関係代名詞は先行詞によって使いわける。
・目的格の関係代名詞は省略できる。

1 (1)エ　(2)ア
2 (1)The girl that you saw in the music room is Miyuki.
　(2)Did you see the robot which[that] David invented last week?
　(3)We need a boy who[that] is good at baseball.
　(4)This is the movie which[that] made me exited.
3 (1)resulted in　(2)In addition

(3)**including** (4)**thought of** (5)**out of**

4 (1)**Swiss** (2)**took a walk**

(3)③**It was difficult to remove the burs.**

⑤**the idea for a new product that you**
can use

(4)**caught**

5 (1)**He is a skier who travels around**
the world.

(2)**The story my father read for me**
yesterday was interesting.

(3)**The boy and the dog that are sitting**
under that tree look happy.

6 (1)**The teacher who taught me**
English

(2)**The temple we visited last year is**
famous for its flowers.

(3)**Have you ever read books which**
[that] were written by this woman?

解説

1 (1)兄弟と母親のようすを聞き取る。

♪ This is a picture I took in the zoo last
Saturday. My brothers are looking at a
lion. My mother is tired and sitting on a
bench.

訳 これは私がこの前の土曜日に動物園で撮っ
た写真です。私の弟たちはライオンを見てい
ます。母は疲れてベンチにすわっています。

(2)英単語がついたかばんを持っている女の子が
美希で，帽子をかぶっている女の子が佳奈。

♪ There are two girls in the park. The
girl who has a bag with an English word
on it is Miki. The girl who is wearing a
cap is Kana.

訳 公園に女の子が2人います。英単語がつい
ているかばんを持っている女の子が美希です。
帽子をかぶっている女の子が佳奈です。

2 (1) ✕ミス注意! 2文目の her は1文目の The
girl を指す。目的格の関係代名詞 that を使っ
てつなげる。

(2)2文目の it は1文目の the robot を指す。目
的格の関係代名詞 which または that を使って
つなげる。

(3)2文目の He は1文目の a boy を指す。主格

の関係代名詞 who または that を使ってつなげる。

(4)2文目の It は1文目の the movie を指す。
主格の関係代名詞 which または that を使って
つなげる。

3 (4)「～のことを考える」think of ～。現在完
了の文なので，過去分詞の thought にする。

4 (1)「スイス人の」は Swiss。「スイス」は
Switzerland。

(2) ✕ミス注意!「散歩をする」take a walk。過去
の文なので，take は過去形の took にする。

(3)③ it，be 動詞 was，to から〈It is ～ to ....〉
「…することは～です。」の過去の文と考える。

(4)過去の文なので過去形にする。catch は不規
則動詞で，過去形は caught。

5 (1) who を主格の関係代名詞として使い，a
skier who travels around the world とする。

(2) my father read for me yesterday という〈主
語＋動詞 ～〉が the story を後ろから説明する
形にする。

(3) ✕ミス注意! that を主格の関係代名詞として
使い，the boy and the dog that are sitting
under that tree とする。〈人＋人以外〉が先行
詞の場合，主格の関係代名詞は that を使う。

6 (1)「私に英語を教えてくれた」が「先生」を
説明するので，主格の関係代名詞 who を使っ
て the teacher who taught me English とする。

(2)「私たちが昨年訪れた寺はその花で有名で
す。」と考える。「私たちが昨年訪れた」が「寺」
を説明する形にするが，目的格の関係代名詞を
使って The temple which[that] we visited last
year とすると指定の語数を超えてしまうので，
ここでは which[that] を省略した形にする。

(3)「あなたは今までにこの女性によって書かれ
た本を読んだことがありますか。」と考える。「こ
の女性によって書かれた」が「本」を説明する
ので，books which[that] were written by this
woman とする。

テストに出る！

5分間攻略ブック

三省堂版

英語
3年

教科書の重要文,
重要語句をまとめました

文法のポイントをマスター

重要語句の音声付き
←音声はこちらから

**赤シートを
活用しよう！**

テスト前に最後のチェック！
休み時間にも使えるよ♪

「5分間攻略ブック」は取りはずして使用できます。

重要文

☑ It <u>has been raining</u> since this morning.
今朝から<u>ずっと</u>雨が降り続い<u>ています</u>。

☑ I <u>have been playing</u> soccer for two hours.
私は2時間<u>ずっと</u>サッカーを<u>し続けています</u>。

☑ <u>Have</u> you <u>been playing</u> soccer for a long time?
あなたは長い間サッカーを<u>し続けていますか</u>。

☑ — Yes, I <u>have</u>.
No, I <u>have not</u>.
— はい，<u>し続けています</u>。
いいえ，<u>し続けていません</u>。

☑ How long have you been playing soccer?
あなたはどれくらい長くサッカーをし続けていますか。

☑ — <u>For</u> two hours.
<u>Since</u> this morning.
— 2時<u>間</u>し続けています。
今朝<u>から</u>し続けています。

重要単語・表現 ♪b01

Starter

☑ American(s)	アメリカ人
☑ earthquake	地震
☑ encourage	勇気づける
☑ **original**	最初の
☑ powerful	力の強い
☑ **record(ed)**	録音する
☑ **remind**	思い出させる
☑ theme	テーマ
☑ version	版
☑ album	アルバム
☑ believe in ～	～を信頼する
☑ courage	勇気
☑ eliminate	取り除く

☑ **hate**	憎しみ
☑ launch(ed)	開始する
☑ support	支持する
☑ truly	ほんとうに
☑ **while**	(～する)間に
☑ worldwide	世界中で

Lesson 1

☑ come up with ～	～を思いつく
☑ discuss(ing)	話し合う，討議する
☑ narrow(ed)	狭くする，狭くなる
☑ narrow down ～ to ...	～を…までにしぼる
☑ pitcher	投手，ピッチャー
☑ trumpet	トランペット

重要単語・表現　♪b02

Lesson 1

☐ a little	少し（の）
☐ **beginning**	初め，最初，始まり
☐ friendship	友情
☐ mirror	鏡
☐ **OK**	よろしい，オーケー
☐ rest	休む，休息する
☐ rough	荒々しい
☐ stamp(s)	切手
☐ wait for ～	～を待つ
☐ **argument(s)**	議論
☐ **arm**	腕
☐ bravely	勇敢に
☐ **close**	親しい
☐ danger(s)	危険（な状態）
☐ darkness	暗やみ
☐ day by day	日ごとに
☐ decide to ～	～することを決心する
☐ get tired	疲れる
☐ give up	諦める
☐ **issue(s)**	問題点
☐ **move**	動く，移動する
☐ operation	手術
☐ **seem(ed)**	～のように見える
☐ **stage**	舞台

☐ **though**	だが，～にもかかわらず
☐ **trust**	信頼する，信用する
☐ **unfortunately**	不幸にも，運悪く
☐ bloom	花が咲く
☐ living	生きている
☐ survivor(s)	生存者
☐ title	タイトル，題名
☐ victim(s)	犠牲者

Take Action! 1

☐ **building**	建物，建築物
☐ drill	訓練
☐ instruction	指示，さしず
☐ parking	駐車
☐ parking lot	駐車場
☐ **push**	押す
☐ **west**	西（の）
☐ particular	項目，細部
☐ in particular	特に
☐ season	季節

ココをチェック！

☐ 現在完了進行形

〈have[has] been ＋動詞の -ing 形〉

「（ずっと）～し続けています」

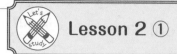
重要文

☑The kitchen <u>is cleaned</u> every day. その台所は毎日そうじされます。

☑This picture <u>was painted by</u> Picasso. この絵はピカソによって描かれました。

重要単語・表現

♪ b03

Lesson 2

☑**bedroom**	寝室
☑blanket	毛布
☑deliver	配達する
☑**depend(s)**	～次第である
☑depend on ～	～次第である
☑dining	食事
☑flag	旗
☑fork	フォーク
☑kettle	やかん
☑Marathi	マラーティー語
☑**meeting(s)**	集会，集まり，会
☑pillow	まくら
☑print(ed)	印刷する
☑soap	せっけん
☑catchy	人の心を引き寄せる
☑compose	作曲する，組み立てる
☑create	作り出す，創造する
☑direct(ed)	監督〔演出〕する
☑**film**	映画
☑Indian	インド〔人〕（の）
☑release(d)	発売する，公開する
☑tale	物語，お話
☑uplifting	気持ちを高揚させる

ココをチェック！

受け身形「～され(てい)ます」

☑肯定文

〈主語＋ be 動詞＋動詞の過去分詞 ～ .〉

☑疑問文と答え方

〈be 動詞＋主語＋動詞の過去分詞 ～ ?〉

―〈Yes, 主語＋ be 動詞.〉

―〈No, 主語＋ be 動詞＋ not.〉

☑否定文

〈主語＋ be 動詞＋ not ＋動詞の過去分詞

～ .〉

☑動作をした人は by で表す。

☑現在形から過去形への書きかえ

am → was　　are → were

is　→ was

重要単語・表現　♪ b04

Lesson 2

☑ **across**	～のいたる所に
☑ Arabic	アラビア語
☑ beauty	美しさ
☑ billion	10 億
☑ **business(es)**	会社
☑ come across ～	～を見つける
☑ commonly	一般に
☑ diversity	多様性
☑ grace	上品さ
☑ literature	文学
☑ located	～に位置する
☑ **major**	主要な
☑ mid-1900s	1900 年代半ば
☑ mile(s)	マイル (約 1.6km)
☑ mostly	主に
☑ northern	北の
☑ official	公式の
☑ poetry	詩
☑ **remain(ed)**	残る
☑ saying	ことわざ
☑ shampoo	シャンプー
☑ South Asia	南アジア
☑ **system**	体系
☑ Urdu	ウルドゥー語
☑ blank	何も書かれていない
☑ wasteful	むだに使う

Take Action! 2

☑ according to ～	～によれば
☑ deer	シカ
☑ **somewhere**	どこかで，どこかへ
☑ **suggestion**	提案
☑ **through**	通り抜けて

Project 1

☑ contain(s)	含む，入れている
☑ go well with ～	～と調和する
☑ **piece(s)**	断片，破片
☑ premium	プレミアム
☑ seaweed	海草，のり
☑ texture	食感

ココをチェック！

☑ 動詞の過去分詞の確認

原形	過去分詞
have	had
see	seen
clean	cleaned
use	used

教科書
p.35～p.49

重要文

☑The girl <u>playing</u> tennis is Yuka. テニスを<u>している</u>女の子は由佳です。
☑This is a famous book <u>written</u> by Soseki. これは，漱石によって<u>書かれた</u>有名な本です。
☑I'<u>m glad to</u> hear that. 私はそれを聞い<u>て</u>うれしいです。

重要単語・表現

♪b05

Lesson 3

☑atomic	原子(力)の		☑go back	もどる
☑binder	バインダー		☑grow up	成長する
☑bomb	爆弾		☑have a cold	かぜをひいている
☑couch	ソファー		☑memorial	記念する〔物〕
☑destroy(ed)	破壊する，こわす		☑**receive(d)**	受け取る，もらう
☑dome	丸屋根，ドーム		☑relay	リレー競走
☑glass	ガラス，コップ		☑runner	走者
☑**glasses**	めがね		☑select(ed)	選ぶ
☑damage(d)	損害〔被害〕を与える		☑sickness	病気
☑display	陳列，展示		☑survive(d)	生き残る
☑on display	展示されて		☑herself	彼女自身を〔に〕
☑reality	現実		☑journey	旅行
☑shock(ed)	衝撃を与える		☑witch	女の魔法使い，魔女
☑Switzerland	スイス		**Take Action 3**	
☑at first	最初は		☑discount	割引
☑at least	少なくとも		☑nope	いや，いいえ
☑cancer	がん		☑purse	さいふ
☑**cause(d)**	引き起こす		☑**tonight**	今夜(は)
☑elementary	初級の		**GET Plus 1**	
☑elementary school	小学校		☑injured	負傷した
☑**end**	图終わり 働終わる		☑score	得点，点数
☑**especially**	とりわけ		☑shocked	ショックを受けた
☑flash	閃光		☑tournament	勝ち抜き戦
☑get worse	悪くなる			

Lesson 4

重要文

☑ I have a book <u>that</u> has beautiful pictures. 私は美しい写真が載っている本を持ってい
(I have a book <u>which</u> has beautiful pictures.) ます。

☑ I have a friend <u>who</u> can speak Spanish. 私にはスペイン語が話せる友達がいます。
(I have a friend <u>that</u> can speak Spanish.)

重要単語・表現

♪ b06

Lesson 4	
☑ costume(s)	服装, 衣装
☑ director(s)	(映画)監督
☑ drawing(s)	絵, 線画, デッサン
☑ expo	博覧会
☑ fairy	妖精(のような)
☑ introduce(s)	紹介する
☑ introduce ~ to ...	…に~を紹介する
☑ lots of ~	たくさんの~
☑ recipe(s)	レシピ
☑ **used**	中古の
☑ advice	忠告, 助言
☑ everywhere	どこでも
☑ talented	才能のある
☑ adjust(ed)	調整する
☑ adjustment(s)	調整
☑ attractive	魅力的な
☑ behavior	ふるまい
☑ content	内容
☑ explanation(s)	説明
☑ familiar	よく知っている
☑ involve	含む
☑ literally	文字通りに
☑ mainly	主に

☑ non-Japanese	日本人ではない
☑ originally	もとは
☑ reader(s)	読者
☑ relate(s)	関係がある
☑ **success**	成功
☑ translate(d)	翻訳する
☑ unfamiliar	なじみのない
☑ viewer(s)	視聴者
☑ western	西洋の
☑ **whole**	全体の
☑ adapt(ed)	変える
☑ **each**	それぞれの
☑ **fit**	合わせる
☑ **perhaps**	おそらく
☑ **probably**	おそらく
☑ professional	プロの
☑ setting	設定
☑ frequently	しばしば, 頻繁に
☑ therefore	それゆえ

ココをチェック！

☑ 「人」に説明を加える関係代名詞
　<u>who</u> / <u>that</u>「~する…(人)」

☑ 「もの, こと」に説明を加える関係代名詞
　<u>which</u> / <u>that</u>「~する…(もの, こと)」

重要単語・表現　♪ b07

Take Action! 4

☑ conclusion	結論
☑ discovery	発見
☑ **line**	線, 路線
☑ species	(生物学上の)種
☑ university	大学
☑ I got it.	わかった。

Reading for Fun 1

☑ attack(ed)	おそう
☑ balcony	バルコニー
☑ **body**	体
☑ **care**	世話
☑ take care of ～	～の世話をする
☑ **cover(ed)**	おおう
☑ **dead**	死んだ
☑ **direction**	方向
☑ dirty	汚れた
☑ **fat**	太った
☑ gull	カモメ
☑ **land(ed)**	着陸する
☑ lay	(卵を)産む
☑ laid	lay の過去分詞
☑ mean	形 意地悪な
☑ **mom**	ママ
☑ oil	油
☑ port	港
☑ rat(s)	ネズミ
☑ **control**	制御
☑ **correct**	正しい
☑ edge	端

☑ **even**	～でさえ, ～でも
☑ even though ～	たとえ～でも
☑ fail(ed)	失敗する
☑ flying	飛行
☑ gain(ed)	得る
☑ **moment(s)**	ちょっとの時間
☑ **position**	位置
☑ **pull(ed)**	引く
☑ pull away	身を引き離す
☑ step into ～	～に足を踏み出す
☑ **wide**	広い
☑ wind	風
☑ wing(s)	翼

ココをチェック！

☑「～を教えていただけますか」
　Could you tell me ～ ?

☑「～のしかた，方法」
　how to ～

☑「～に乗り換える」
　change to ～

☑「～線に乗る」
　take ～ Line

☑「～で降りる」
　Get off at ～ .

Lesson 5

重要文

☐ This is the book <u>that</u> I read last night.　これは，私が昨夜読んだ本です。
　(This is the book <u>which</u> I read last night.)
☐ The country <u>I want to visit</u> is France.　<u>私が訪れたい国</u>はフランスです。

重要単語・表現　♪b08

Lesson 5			
☐ fascinating	魅力的な	☐ justice	正義
☐ martial	勇ましい，好戦的な	☐ last(ed)	続く
☐ martial arts	武道，武術	☐ movement	運動
☐ repair	修理する，修繕する	☐ quote	引用
☐ arrest(ed)	逮捕する	☐ restroom(s)	トイレ
☐ creativity	創造性，独創性	☐ under the law	法の下で
☐ **effort**	努力	☐ unfair	不公平な
☐ **fill(ed)**	いっぱいになる いっぱいにする	☐ be able to ～	～することができる
☐ fill up	いっぱいに満ちる	☐ **death**	死
☐ honesty	正直，誠実さ	☐ join hands with ～	～と手を取り合う
☐ **public**	公の，公共の	☐ judge(d)	判断する
☐ refuse(d)	断る，拒絶する	☐ **kill(ed)**	殺す
☐ **section**	部分，区域	☐ nation	国家
☐ achievement	業績	☐ skin	肌
☐ **anywhere**	どこにでも	☐ **base(d)**	基礎〔根拠〕を置く
☐ be free to ～	自由に～することができる	☐ be based on ～	～をもとにしている
☐ boycott	ボイコット	☐ teenager(s)	10代の少年・少女
☐ **car(s)**	車		
☐ drinking	飲用(の)		
☐ fountain(s)	噴水		
☐ inspire(d)	奮い立たせる		

ココをチェック！

☐ 後置修飾（名詞を修飾する文）
「(人などが)～する…」
名詞のあとに〈主語＋動詞〉を置いて，名詞を説明することができる。

Take Action! 5 ～ Project 2

教科書
p.80～p.86

重要単語・表現

♪ b09

Take Action! 5

☐ autograph	有名人のサイン
☐ kid-sized	子どもサイズの
☐ roller coaster	ジェットコースター
☐ **son**	息子
☐ **bit**	少し，少量
☐ a little bit of ～	～をほんの少し
☐ chip(s)	ポテトチップス
☐ pickle(s)	ピクルス
☐ slice(s)	1枚，一切れ
☐ Anything else?	ほかに何かありますか。
☐ Would you like ～?	～はいかがですか。

Project 2

☐ Asian	アジアの
☐ below	下(の方)に〔の〕
☐ committee	委員会
☐ criterion	基準
☐ criteria	criterion の複数形
☐ **date**	日付，(年)月日
☐ delivery	配達，(演説の)仕方
☐ housing	住居
☐ presentation(s)	発表
☐ region(s)	地域
☐ selection	選ぶこと，選択
☐ topic	話題，テーマ

ココをチェック！

☐ 食事を勧めるときの表現
「～はいかがですか」
Would you like ～ ?

☐ 勧められたものが欲しいとき
「いただきます」
I'd like to.
「はい，お願いします」
Yes, please.

☐ 勧められたものを断るとき
「いいえ，結構です」
No, thank you.

10

三省堂版　英語3年

重要文

☑If I <u>had</u> wings, I <u>could</u> fly. — もし私に翼<ruby>翼<rt>つばさ</rt></ruby>があれば，私は飛べるだろうに。

☑I <u>wish</u> I <u>had</u> wings. — 翼があればいいのになあ。

☑I <u>wish</u> I <u>could</u> fly. — 飛べればいいのになあ。

重要単語・表現　♪b10

Lesson 6

☑descendant(s)	子孫
☑dinosaur(s)	<ruby>恐竜<rt>きょうりゅう</rt></ruby>
☑grandchild	孫
☑grandchildren	grandchild の複数形
☑**imagine**	想像する
☑**period**	時代
☑programming	プログラミング
☑**truth**	真実，事実
☑all the time	いつも
☑app	アプリ
☑communicate	伝達する，知らせる
☑complain(ing)	不平を言う
☑for sure	確かに
☑New York	ニューヨーク市
☑rhino	サイ
☑sea lion	アシカ
☑translator	<ruby>翻訳<rt>ほんやく</rt></ruby>者，翻訳機

ココをチェック！

仮定法

☑「もし～であれば…だろうに」

　〈If ＋主語＋<u>動詞の過去形</u> ～，主語＋<u>助動詞の過去形</u>＋<u>動詞の原形</u> ...〉

☑「～であればいいのになあ」

　〈<u>I wish</u> ＋主語＋ <u>(助)動詞の過去形</u> ～〉

重要文

☑ If I were you, I would cook her dinner.　もし私があなたなら，彼女に夕食をつくるだろう。

重要単語・表現

♪b11

Lesson 6	
☑ aircraft	航空機
☑ as soon as ～	～するとすぐ
☑ dreamer	夢を見る人
☑ duck-like	アヒルのような
☑ experiment(s)	実験
☑ failure	失敗
☑ feather(s)	羽
☑ find out	わかる
☑ glider(s)	グライダー
☑ gradually	しだいに
☑ imagination(s)	想像力
☑ in order to ～	～するために
☑ invention	発明
☑ inventor(s)	発明家
☑ make fun of ～	～をからかう
☑ **modern**	現代の
☑ **nobody**	だれも～ない
☑ ridiculous	こっけいな
☑ secret(s)	秘密
☑ successful	成功した
☑ unexpected	思いがけない
☑ hesitate	ためらう
☑ **personal**	個人的な
☑ start off	出発する

☑ blackboard	黒板
☑ forever	永遠に
☑ **myself**	私自身を〔に〕
☑ pond	池
☑ **reach**	～に着く，達する
☑ serious	まじめな，真剣な

Take Action! 6	
☑ central	中央の
☑ Central America	中央アメリカ
☑ plantation	大農園，大農場
☑ proud	誇りを持っている
☑ rainforest	熱帯雨林
☑ recover	取りもどす，再生する

GET Plus 2	
☑ endangered	絶滅寸前の
☑ equality	平等
☑ gender	性，性別
☑ human	人間 (の)
☑ pollution	汚染

ココをチェック！

仮定法

☑「もし私があなたなら，～だろう」

〈If I were you, I ＋助動詞の過去形 ～ .〉

仮定法での be 動詞は，主語に関係なく were が使われることが多い。

重要文

☑ I don't know <u>why Miki is sad</u>. 　私は，美紀がなぜ悲しいのかわかりません。

☑ Miki <u>helped me cook</u> lunch. 　美紀は<u>私が</u>昼食を<u>作るのを</u>手伝ってくれました。

重要単語・表現

♪b12

Lesson 7

☑ **company**	会社
☑ **figure**	思う
☑ figure out	解く，理解する
☑ have a great time	楽しい時を過ごす
☑ in need	困って
☑ in the future	将来
☑ out of ～	～から外側へ
☑ put ～ into ...	～を…に費やす
☑ research	動研究する 名研究
☑ speaker	(母語)話者
☑ to tell the truth	実を言えば
☑ apart	離れて
☑ be ready to ～	～する準備ができた
☑ deal with ～	～を取り扱う
☑ decision	決心
☑ doghouse	犬小屋
☑ keep in touch	連絡を取り合う
☑ make a decision	決断する
☑ performing arts	舞台芸術
☑ seriously	まじめに，本気で

ココをチェック！

☑ 間接疑問

「なぜ～なのか…」

疑問詞 (Why など) を使った疑問文がほかの文の中に入った形を<u>間接疑問</u>という。

〈疑問詞＋<u>主語</u>＋(助)動詞〉の語順になる。

☑ 「A (人)が～するのを手伝う」

〈<u>help</u> ＋ A(<u>人</u>) ＋動詞の原形〉

動詞のかわりに〈to ＋動詞の原形〉を使うこともある。

重要文

☑I want you to decorate the room.　　私はあなたに部屋の飾りつけをしてもらいたいです。

重要単語・表現　　　　　　　　　♪b13

▌Lesson 7

☑AI	人工知能
☑artificial	人工の
☑attention	注意
☑California	カリフォルニア
☑**clearly**	明確に
☑communication	意思の疎通
☑German	ドイツ語
☑intelligence	知能
☑medical	医療の
☑NGO	非政府組織
☑non-governmental	民間の
☑organization	組織
☑patient(s)	患者
☑**refer**	参照する
☑refer to ～	～を参照する
☑researcher	研究者
☑sensitively	敏感に
☑treatment(s)	治療
☑understanding	理解
☑**within**	～の中で
☑appear(ed)	出る
☑broaden	広げる
☑brochure(s)	小冊子

☑**customer(s)**	客
☑foreigner(s)	外国人
☑inn	宿屋
☑interview	インタビューをする
☑not only ～	～だけでなく
☑**response(s)**	返答
☑satisfied	満足した
☑than ever before	これまでより
☑washing	洗濯
☑washing machine	洗濯機
☑Wi-Fi	ワイファイ
☑separate	隔てる
☑See you.	じゃあまた。

▌GET Plus 3

☑decorate	飾る，装飾する
☑invitation	招待

ココをチェック！

☑「A（人など）に～してもらいたい」

〈want ＋ A（人）＋ to ＋動詞の原形〉

ask や tell も同じ形で使うことができる。

重要単語・表現 ♪b14

Project 3

☑ audience	聴衆, 観客
☑ be different from ～	～と違っている
☑ come together	集まる
☑ elderly	年配の
☑ equipment	備品, 用具
☑ exception	例外
☑ freely	自由に
☑ **handle**	扱う, 処理する
☑ nursery	託児所
☑ remove(d)	取り除く, 取り外す
☑ stream	流す, ストリーミングする
☑ these days	最近

Reading for Fun 2

☑ a set of ～	ひとそろいの～
☑ **accept(ed)**	受け入れる
☑ apartment	アパート
☑ beautifully	美しく
☑ cent(s)	セント
☑ Christmas	クリスマス
☑ comb(s)	髪飾り
☑ come back	帰る
☑ cut off	切る
☑ dark	暗い
☑ **dealt**	deal の過去形・過去分詞

☑ exhausted	疲れ果てた
☑ fence	へい
☑ for a while	しばらく
☑ goods	商品
☑ go up to ～	～のところまで行く
☑ gray	灰色の
☑ hunt(ed)	探す
☑ **husband**	夫
☑ jewel(s)	宝石
☑ **knock(ing)**	たたく
☑ knock ～ off ...	…から～を払い落とす
☑ **marry, married**	結婚する
☑ **money**	お金
☑ say to oneself	ひとりごとを言う
☑ shabby	着古した
☑ shine, shining	輝く
☑ shiny	輝く, 光っている
☑ silent	沈黙した
☑ smile(d)	ほほえむ
☑ take off	脱ぐ
☑ take out	取り出す
☑ tear(s)	涙
☑ **wife**	妻
☑ yard	庭

重要単語・表現　♪b15

Reading for Fun 3

☐ academic	学問の
☐ adaptation(s)	適応
☐ **ahead**	前へ
☐ annoy(ed)	いらいらさせる
☐ beak	くちばし
☐ biomimetic	生体模倣技術を使った
☐ biomimetics	生体模倣技術
☐ bur(s)	イガ
☐ carefully	注意深く
☐ clarify	明らかにする
☐ closely	接近して
☐ clothing	衣服
☐ develop	発達させる
☐ dive	飛び込む
☐ **due**	～が原因で, ～のためで〔に〕
☐ due to ～	～のために
☐ engineering	工学
☐ enter(ed)	入る
☐ evolve(d)	進化する
☐ fur	毛皮
☐ half-a-kilometer	半キロメートル
☐ **himself**	彼自身に
☐ hook(s)	かぎ
☐ imitate(d)	まねる
☐ instance(s)	実例
☐ loop(s)	輪
☐ lower	減らす
☐ **manage**	何とかうまく～する
☐ **method(s)**	方法
☐ mimic(ked)	まねする
☐ nearby	近くに
☐ noise	騒音
☐ observe(d)	観察する
☐ onto	～の上に
☐ pointy	先のとがった
☐ **pressure**	圧力
☐ **produce(d)**	もたらす
☐ resistance	抵抗
☐ result in ～	～という結果になる
☐ seed(s)	種
☐ slow down	速度を落とす
☐ smoothly	なめらかに
☐ **specific**	特定の
☐ speed	速度
☐ splash	水しぶき
☐ sudden	急な
☐ Swiss	スイス人の
☐ take a walk	散歩をする
☐ traveler(s)	旅行者
☐ wisdom	知恵